기록 따라 떠나는 한국고전기행

세창역사산책 004
기록 따라 떠나는 한국고전기행

초판 1쇄 발행 2017년 10월 25일
초판 2쇄 발행 2018년 7월 20일

–

엮은이 박의서
펴낸이 이방원
기 획 이윤석
편 집 김명희·강윤경·홍순용·윤원진
디자인 손경화·박혜옥
마케팅 최성수

–

펴낸곳 세창미디어
출판신고 2013년 1월 4일 제312-2013-000002호
주소 03735 서울특별시 서대문구 경기대로 88 냉천빌딩 4층
전화 02-723-8660 | 팩스 02-720-4579
이메일 edit@sechangpub.co.kr | 홈페이지 http://www.sechangpub.co.kr

–

ISBN 978 – 89 – 5586 – 504 – 2 04910
ISBN(세트) 978 – 89 – 5586 – 492 – 2

_ 책 값은 뒤표지에 있습니다.

이 도서의 국립중앙도서관 출판시도서목록(CIP)은 서지정보유통지원시스템 홈페이지(http://seoji.nl.go.kr)와 국가자료공동목록시스템(http://www.nl.go.kr/kolisnet)에서 이용하실 수 있습니다. (CIP제어번호: CIP2017025968)

세창역사산책 004

기록 따라 떠나는 한국고전기행

박의서 엮음

세창미디어
MEDIA

옆지기 신재희 님께 이 아담한 책을 바칩니다.

'한국고전기행'을 넘나들며

우리나라 사람들이 해외여행을 즐기기 시작한 것은 1989년 노태우 정부의 여행자유화 조치 이후다. 그 이전에는 여권을 내는 것조차 특권이었다. 그러니 그 이전의 해외여행을 말하는 건 특권 중의 특권이라고 할 수 있다. 더구나 일제 강점기 이전의 해외여행은 여행 자체가 어려운 시기여서 그 기록 또한 매우 드물고 귀하다. 그래서 이 책은 상대적으로 접근이 쉬운 기행문 위주로 엮었으며 꼭 필요한 때에만 관련 기록과 인물도 함께 수록하는 것으로 하였다. 특히 여행과 관련된 야사와 설화도 포함함으로써 사실보다는 재미를 더해 보고자 하였다.

우리나라 고전여행은 중국 당나라의 개방 정책과 맞물려 있다. 이에 따라 같은 시기였던 삼국시대 특히 통일신라의 많은 학자와 승려들이 당나라를 여행하였으며 기록에 등장하는 학자와 승려들만 해도 수백 명에 달한다. 그러나 여행을 기록으로 남긴 사람들은 매우 드물다. 다행히 통일신라의 승려로 알려진 혜초가 당나라를 거쳐 인도까지 여행한 기록인 『왕오천축국전往五天竺國傳』을 남긴 이후 조선 말기까지 일부 인물들의 여행기록과 여행기가 전해져 내려오고 있다.

오늘날과 같이 여행이 대중화되기 이전의 우리 선조들의 국외 여행은 전쟁과 이주 등의 특수한 경우나 유학과 사신 등을 이유로 하여 승려와 관료들에 의해 매우 제한적으로 이루어질 수밖에 없었다. 이들의 여행 동기 역시 주로 사절, 표류, 조공과 교역 등의 특수한 경우로 국한되어 있었다. 이 밖에 우리 조상들은 공녀, 전쟁 수행 결과에 따른 포로와 유민 등의 이유로 여행 아닌 여행을 해야만 했다.

여행사적旅行史的 관점에서는 여행 자체가 어려웠던 만큼이나 관련 기록도 많지 않다는 게 문제다. 그나마 일부 여행 관련 기록과 기행문이 오늘날까지 전해지고 있는 것은 천만다행이지만 여행사적으로 이들이 제대로 정리된 적이 없어 안타까움을 더하고 있다. 따라서 이 저술은 그동안 단편적으로만 다루어졌던 우리나라의 여행기록과 기행문들을 여행사적 관점에서 체계적으로 정리하는 데 중점을 두었다. 특히 기행문은 기행문학으로서의 여행사적 가치가 매우 높기도 하지만 나라의 개방과 새로운 학문의 도입에도 이바지한 바가 매우 크다. 따라서 여행이 추구하는 개방과 이에 따른 인적, 문화적 교류 그리고 그 결실이라고 볼 수 있는 교역에 관한 조명도 함께 시도해 보았다.

이 저술은 애초 우리 선조들의 해외여행 기록과 기행문을 주제로 한 논문으로 출발한 것이나 출판사의 기획 의도에 따라 여행기록과 기행문을 다이제스트 성격의 글로 확대하여 정리한 것이다. 그러나 간략했던 논문을 책으로 바꾸는 작업은 생각했던 만큼 그리 간단하거나 쉬운 일은 아니었다. 옴니버스와 다이제스트는 한마디로 말해 남의 글을 인용해 작가의 주장을 전개하는 장르다. 그러다 보니 그 종류가 헤아릴 수 없이 많은 관련 저술들을 어디까지 채택할까에 관한 문제와 그 요약과 인용을 어디까지로 할까에 관한 딜레마에 빠지게 되었다. 이런 저술일수록 작가의 주관을 확실히 세운 바탕 위에 관련 저술들을 인용해 나가는 게 정석이지만 저술이 논문으로부터 출발하다 보니 이런 취약점을 갖게 된 것이다. 그러나 다이제스트 과정에서 많은 책과 씨름하면서 저술 의도와 그 흐름이 어느 정도 정리된 것은 그나마 다행이다.

다만 제한된 시간에 수많은 저서를 다루는 과정에서 일부 인용의 오류와 누락도 피할 수 없었을 것이다. 엮은이로서는 이런 오류와 인용의 누락을 최소화하기 위해 나름대로 최선의 노력을 기울였으나 인용의 오류가 여전히 남아 있다면 의도된 것이 전혀 아니었음을 밝혀 둔다. 앞으로 이 책이 판을 거듭할 기회가 주어진다면 그때마다 남아 있는 인용의 오류들을 계속 보완해 나가는 것은 물론 시간에 쫓기어 아쉬웠던 내용도 차근차근 채워 나갈 것을 약속드린다.

온고이지신溫故而知新이라고 했다. 이는 하늘 아래 새로운 것은 없다는 의미일 것이다. 해가 바뀔 때마다 교수 사회는 중국 고전에서 발췌한 사자성어로 새해를 연다. 내로라하는 정치인들 역시 개혁을 논하면서 사자성어를 통해 새로운 세상을 열겠다고 다짐한다. 여행에서도 고전기행을 돌아보아야 하는 이유가 여기에 있다. 이런 의미에서 최근 동서양의 많은 고전 여행기들이 앞다투어 번역 출간되고 있는 것은 매우 고무적인 현상이다. 그렇지만 이 많은 고전여행기를 모두 읽어 내는 일은 만만한 일이 아닐 것이다. 그래서 독자들에게 그 많은 고전 기행들의 에센스만을 한꺼번에 전달하고자 하는 것이 이 책의 또 다른 저술 의도다. 그러나 동서양 여행기들을 한꺼번에 전달하는 것은 이 책의 기획 의도와 맞지 않아 이번에 우선 '한국고전기행'만을 정리하여 출간하기로 한다. 조만간 세계 여행사를 정리한 '글로벌 고전기행'으로도 독자들과 다시 만날 수 있길 기대해 본다.

다이제스트 장르인 이 저술은 선행 연구자와 저자들의 업적을 토대로 이 세상 빛을 보게 되었다는 숙명을 안고 있다. 따라서 여기 인용된 분들을 일일이 거명하며 감사드리는 게 마땅한 도리일 것이나 제한된 지면상 이렇게 한꺼번에 고마움을 전하게 되어 면구스럽기 그지없다.

특히 이 책의 화룡점정은 평소 흠모해 오던 고려대장경연구소의 종림 스님께서 찍어 주셨다. 평생을 고려대장경 전산화 작업에 몰두해 오신 스님께서 아름다운 글씨로 책의 제목을 디자인해 주신 것은 이 작은 책의 가치를 훨씬 뛰어넘는 배려가 아닐 수 없다. 합장하여 스님께 감사드린다.

마지막으로 이 책의 출판을 기획·제안한 것은 물론 거친 원고까지 보듬은 세창미디어에도 감사의 인사를 전한다.

2017년 8월

박의서

목 차

5장 일본에 억류된 왜란 포로의 기록

6장 외국인들의 한반도 기행

※일러두기

- 외국어 표기는 라틴어나 아랍어 등의 외래어로 이미 통용되고 있는 경우를 제외하고는 영어 표기를 원칙으로 했으며 일부는 영어와 원어를 함께 적기도 했다.
- 중국의 지명과 인명은 원칙적으로 우리말 발음으로 그 표기를 통일하였으며 필요한 경우 한자를 함께 적었다.
- 이 책에서의 인용은 국내에 번역 출간된 저서로만 국한하였으며 그 내용이 모호해 확인이 필요한 경우에만 영어 원본을 참고하였다. 영어 이외의 외국어로 쓰인 경우에도 영어판만을 참고하였다.
- 원칙적으로 여행 기록이나 고전 기행문 등을 사실(史實) 위주로 수록하였으나 사실(事實)을 기반으로 쓰인 픽션과 야사도 독자의 흥미를 돕기 위해 일부 포함하였다.
- 본문에는 한반도를 드나든 여행이나 한반도와 직접, 간접으로 관련 있는 외국 여행도 함께 수록하였다. 따라서 우리 선조들의 국내 여행은 이 저술의 범위에 포함하지 않았다.
- 기행문의 수록은 시대 순을 원칙으로 하였으나 일부는 기행문 발간 순을 채택하기도 하였다.

1장

서양에 처음 등장한 한반도

한반도와 한반도 사람들이 서양에 처음 등장한 것은 언제쯤이었을까? 한반도가 서양에 처음 소개된 것은 14세기에 몽골제국의 지배를 받던 고려시대로 유럽의 가톨릭 수도사들에 의해서라고 알려졌다. 마르코 폴로보다 먼저 몽골제국을 여행한 후 기행문을 남긴 카르피니와 루브룩이 바로 그들이다.

칭기즈 칸이 몽골 초원을 통일한 직후 몽골에는 아홉 가지 말을 하는 사람들이 모였다는 기록이 있다. 여기서 아홉 가지라는 표현은 몽골어에서 헤아릴 수 없이 많은 수나 종류를 말할 때 쓰이는 관용적인 표현이다. 따라서 그만큼 다양한 지역에서 온 사람들이 몽골 초원에 존재했다는 의미가 된다. 그중에서도 카르피니가 그의 책에서 여러 차례 언급하며 관심을 끈 사람들이 있었는데, 바로 '솔랑기Solangi' 즉 고려에서 온 사람들이었다. 루브룩 역시 고려를 각각 솔랑가Solanga와 카울레Caule로 언급했다. 17세기 이후의 몽골 연대기나 오늘날 몽골 사람들도 한반도 사람과 한국을 여전히 '솔롱고스Solonγos'라고 부르고 있다. 서울대 동양사학과의 김호동 교수는 이처럼 한반도가 세계무대에 처음 등장한 것은 루브룩의 『몽골제국 여행기』에 수록된 '카울레'라고 주장하고 있다.

한반도를 유럽에 처음 알리다

마르코 폴로가 쿠빌라이 칸의 통치 시기에 몽골을 왕래한 후 쓴 『동방견문록』은 서양 사람들에게는 성경 다음으로 많이 읽힌 책으로 알려졌다. 그렇지만 마르코 폴로보다 먼저 몽골제국을 여행한 후 기행문을 남긴 앞서 언급한 죠반니 카르피니, 윌리엄 루브룩, 베네딕트 등의 수도사를 아는 사람들은 그리 많지 않다.

이들은 마르코 폴로보다 20~30년 앞서, 각각 귀위크 칸원나라 정종과 몽케칸원나라 헌종의 통치 시기에 몽골제국의 수도였던 카라코룸Qaraqorum*주을 방문한 프란치스코회 수도사들로 각각 『몽골제국의 역사Ystoriae Mongalorum』, 『몽골제국 여행기Itinerarium』, 『타르타르 이야기Tarar Relations』의 저자들이다.

이탈리아 출신의 카르피니는 몽골의 유럽 기독교 국가들에 대한 정복을 저지할 목적과 몽골제국에 존재한다고 알려진 네스토리우스파들에 대한 선교를 목적으로 1245년 프랑스 리옹을 출발하여 1246년 몽골의 수도 카라코룸에 도착하였다. 그는 타르타르 황제에게 보내는 교황의 서한을 전달하고 돌아오는 길에는 당시 몽골제국의 황제였던 귀위크 칸의 회신을 가지고 왔다. 1247년 리옹으로 돌아온 그는 교황에게 귀위크 칸의 회신을 전달하면서 몽골제국 여행결과를 함께 제출하였는데 이 보고서가 바로 『몽골제국의 역사』다. 이 보고서에는 몽골의 국토, 인종, 종교,풍습, 정치 등과 함께 왕복 여행 일정도 서술하고 있다. 따라서 카르피니의 『몽골제국의 역사』는 마르코 폴로의 『동방견문록』에 앞서 몽골의 실상을 유럽에 알린 견문록으로 볼 수 있다.*1

---

*주 현재 몽골의 수도 울란바토르에서 서쪽으로 약 4백km 떨어진 하르호린으로서 오르콘 강 좌측에 있는 지명이다. (김호동 2015)

1237년부터 1242년 사이에 벌어진 몽골군의 유럽 침공은 파괴와 학살이 자행되면서 유럽인들을 공포의 도가니로 몰아넣었다. 이 무렵 7차에 걸친 십자군 원정을 통해 이슬람교도와 싸우고 있던 유럽에는 이슬람 너머 먼 동쪽에 '네스토리우스파 기독교 국가'가 있으며 그 나라를 프레스터 존이라는 왕이 통치하고 있다는 전설이 널리 퍼져 있었다. 그리고 몽골의 유럽 침공 전까지만 해도 대부분이 가톨릭을 믿었던 당시의 유럽 사람들은 동방에 사는 '프레스터 존 Prester John' 즉, 사제 왕 요한이라는 강력한 군주가 막강한 군대를 이끌고 기독교의 원수인 사라센인들을 물리치고 기독교 성지를 탈환해 줄 것이라는 막연한 기대를 하고 있었다. 그러나 몽골의 기마군단은 프레스터 존이 아니라 굶주린 괴물처럼 온갖 만행을 저지르고 이름까지 라틴어로 지옥을 뜻하는 타르타르Tartarus였다. 유럽의 기독교도들은 몽골 군대가 자신들을 파멸로 이끌 무서운 적대 세력임을 알기 시작하였다.*2

이렇게 프레스터 존의 전설은 타르타르라는 절망적인 현실로 유럽인들에게 다가왔다. 유럽의 가톨릭 국가들은 타르타르의 공포에 휩싸이게 되면서, 교황을 중심으로 이를 타개할 대책을 마련하게 되었다. 1245년 6월 교황 인노켄티

우스 4세는 프랑스 리옹에서 공의회를 개최하기로 하고 프란치스코 수도회에 그 임무를 맡겼다. 리옹공의회 개최 2개월 전에 이미 여행을 출발한 프란치스코 수도회의 카르피니 수도사를 비롯한 사절단은 리옹공의회가 개최되면서 공의회 이름으로 그 임무가 정식으로 추인되었다. 이들에게는 가톨릭의 해외 선교와 몽골 침략을 저지하는 외교적 임무가 동시에 주어졌다. 당시 교황을 비롯한 유럽의 지배자들에게는 몽골에 정복당할 것을 염려하는 분위기와 두려움이 널리 퍼져 있었다. 이는 몽골인들이 싸우지 않고도 적을 제압하기 위해 자신들에 대한 공포 이미지를 광범위하게 퍼뜨렸던 심리 전술의 영향 탓이기도 하였다.

이러한 시기에 중대한 임무를 받은 카르피니 일행은 1245년 4월 16일 리옹을 출발했다. 일행 중에는 『타르타르 이야기』 원제는 Hystoria Tartarorum의 저자인 베네딕트 수도사 등도 함께했다. 일행은 1246년 4월 볼가강 유역에 주둔하고 있던 바투*주 Batu의 몽골군 군영에 도착하여 교황의 서한을 전했다. 하지만 바투는 이들을 새로운 황제인 귀위크 칸의

*주 칭기즈 칸(원태조)의 손자로 몽골 킵차크 한국의 초대 칸이다. 1229년 오고타이 칸(원태종)이 즉위한 뒤 유럽 원정군의 총사령관이 되어 러시아의 전 영토를 정복하고, 1241년에는 폴란드·헝가리를 대파함으로써 유럽을 공포의 도가니로 몰아넣었으며 우랄강 서쪽에서 볼가강 유역에 걸친 지역을 통치하였다. (민중서관 2002)

즉위식에 참석하도록 조치했다. 즉위식까지는 넉 달의 여유밖에 없었기 때문에 이들은 100일 동안 하루도 쉬지 않고 매일 30-40km를 이동해야만 했다. 이는 당시의 교통 상황으로서는 불가능한 거리였지만, 요소요소에 잘 준비되어 있던 몽골제국의 역참驛站 덕분에 가능했다.

카르피니 일행이 이용한 몽골제국 역참은 1227년 정복 전쟁으로 평생을 보낸 칭기즈 칸이 탕구트 원정 도중에 사망하자, 쿠릴타이를 거쳐 1229년에 셋째 아들 오고타이원나라 태종에 의해 발달했다. 역참에서는 신분증 겸 통행증인 패자牌子와 말과 물자의 지급을 보증하는 문서인 차자箚剌를 소지한 사람은 여행에 필요한 역마, 식량, 숙소 등을 제공받을 수 있었다.*주

카르피니 사절단 일행은 새 황제의 즉위식에 맞추어 당시 몽골의 수도였던 카라코룸에 도착하기 위해 말을 하루에 대여섯 번 갈아타야 했고 음식이라고는 소금과 물에 탄 기장뿐이었다고 한다. 이처럼 혹독한 일정으로 귀위크의 즉위식에 맞추어 교황의 서한 전달을 완수한 카르피니 일

*주 몽골제국은 30-40km마다 '잠(站)'이라고 불리는 역참을 두고 그 운영을 위해서 '잠치'를 두었다. 카르피니가 러시아의 키에프에서 몽골의 카라코룸까지 불과 6개월에 도착할 수 있었던 것은 바로 이 역참제도 덕분이다. 마르코 폴로 역시 몽골의 역참제도를 높이 평가하고 있다. (김호동 2015)

행은 천신만고 끝에 1247년 11월에 리옹으로 다시 돌아왔다. 당시 65세인 카르피니는 나이로 인한 여행의 고통이 남다를 수밖에 없었다. 이렇게 배고픔, 목마름, 추위, 무더위, 부상 등과 두려움 속에서 가까스로 완수한 일정이었다.*3

이처럼 노구를 이끌고 몽골을 여행한 기록인 카르피니의 『몽골제국의 역사』는 몽골의 옛 이름인 타르타르의 영역을 설명하면서 동쪽으로는 키타이 지방과 솔랑기 지방이 있고 남쪽으로는 사라센 지방, 서남쪽으로는 위구르의 땅, 서쪽으로는 나이만 지방 그리고 북쪽은 사막으로 둘러싸여 있다고 했는데 여기서 솔랑기가 바로 당시의 고려를 지칭하는 것이었다.

책에 따르면 당시 몽골 여자들은 대부분 뚱뚱했으며 코가 낮을수록 미인으로 여겨지고 아기를 낳을 때 침대에 눕는 일이 없었다. 몽골인들의 결혼은 처녀들의 구매를 통해서 이루어졌다. 과부는 이승과 저승 모두에서 일부종사해야 한다고 믿고 있었으며 죽은 다음에 반드시 첫 번째 남편에게 되돌아간다고 믿고 있었다. 그래서 아들은 아버지가 사망한 뒤 생모를 제외하고는 아버지의 부인들 모두와 결혼하는 수계혼*주의 관습을 가지고 있었다.*4

그리고 일반 사람들이 죽으면 암말과 새끼 한 마리를 천

막 등의 생활 용구와 함께 넓은 들판의 아무 곳에나 은밀하게 매장한다. 이것은 저승에서 살 집과 식량으로는 암말의 젖을, 망아지로는 가축의 수를 더 늘어나게 해 달라는 기원이 담긴 의식이다. 귀족들은 각종 진귀한 물품과 함께 생활 용구도 함께 매장했다. 족장이 죽으면 순장의 풍습도 있었는데 칭기즈 칸의 무덤에는 40명의 미녀가 순장되었으며 바투의 무덤에도 노예와 처첩들이 순장되었다고 한다.*5

카르피니에 따르면 그들은 식용이 가능한 것은 모두 먹었다. 이를테면 개, 늑대, 여우, 말 심지어는 때에 따라서 사람의 고기도 먹는다고 기록되어 있다. 몽골인들의 식인 풍습에 관해서는 사실 여부를 떠나 중세 유럽인들 사이에 널리 퍼져 있었다.*6 몽골 군대가 유럽 전쟁에서 귀환하며 정복한 티베트인들 또한 아버지가 사망하면 그의 시신을 먹는다고 했다. 몽골군 역시 칭기즈 칸이 키타이 황제를 제압하면서 극심한 굶주림으로 시달릴 때 군대의 최소 단위인 십인대마다 한 명씩 잡아먹었다는 기록이 있다. 몽골 군대는 10명을 기초 단위로, 100명백인대, 1,000명천인대 같은 십진법으로 구성되어 있었다.*7

---

*주 씨족 관계의 틀을 유지하기 위해 계모를 아내로 삼는 수계혼과 형수나 제수를 아내로 삼는 수혼이 당시 몽골의 풍습이었다.

또한, 몽골인들은 해동청海東靑을 많이 가지고 있었으며 늘 오른손에 올려놓고 다녔다. 해동청은 몽골어로 송코르Songqor라고 하는데 이 몽골어는 우리말의 송골매로 지금까지도 그대로 사용되고 있다. 몽골인들은 이 매를 이용해 사냥하였으며 매의 목에 끈을 달아 도망가지 못하도록 하였다고 하며 그 풍습은 아직도 몽골에 그대로 남아있다.*8

칭기즈 칸이 몽골초원을 통일한 직후의 상황에 대해서는 '아홉 가지 언어의 사람들'이 모였다는 기록이 있다. 여기서 아홉 가지라는 표현은 몽골어에서 헤아릴 수 없이 많은 수나 종류를 말할 때 쓰는 관용적인 표현이다. 따라서 그만큼 다양한 지역에서 온 사람들이 몽골 초원에 존재했다는 의미가 된다.

그중에서 카르피니가 그의 책에서 여섯 번이나 언급하며 관심을 끈 사람들이 있었는데 바로 솔랑기, 즉 고려에서 온 사람들이었다. 또한 카르피니는 타르타르가 기괴한 존재들 가운데 살고 있다는 등의 황당무계한 이야기를 여러 차례 서술하고 있다. 이것은 몽골의 심리전술이 그대로 전해진 것으로 당시 유럽인들에게 타르타르가 인간이 아닌 지옥에서 보낸 악마와 같다는 공포 이미지를 만들었다. 이처럼 기괴한 이야기들로 말미암아 1253년부터 1255년까지 몽골을 방문한 루브룩의 객관적인 여행기록인 『몽골제국 여행기』보다 카르피니의 『몽골제국의 역사』가 유럽 사람들이 더 많이 읽은 베스트셀러가 되었다.[*9]

코레아를 서방에 처음으로 알린 기록

프랑스령 플랑드르 출신의 루브룩은 유럽이 몽골제국에 파견한 네 번째 가톨릭 수도사다. 루브룩 이전에 몽골에 파견된 수도사는 1245년의 카르피니, 아쉘린 그리고 1249년의 앙드레 롱쥐모가 있었다. 교황과 유럽의 국왕들은 몽골제국에 존재한다는 네스토리우스파들에 대한 선교와 몽골제국에 관한 정탐을 목적으로 가톨릭 사제들을 파견한다. 제7차 십자군 원정에 실패한 프랑스 왕 루이 9세는 이슬람 제국을 동서로 협공하자는 제안을 몽골의 황제에게 전달하라는 임무를 루브룩에게 부여했다.

루이 9세의 십자군 원정을 따라 종군하던 루브룩은 1253년 3월 킵차크 한국의 통치자였던 사르탁에게 보내는 국왕의 이러한 서한을 휴대하고 지중해의 아크르를 출발했다. 루브룩은 몽골의 통치자 사르탁의 군영과 그의 아버지인 바투의 군영을 거쳐 몽케 칸의 둔영에 같은 해 12월 27일에 도착한다. 이후 몽케 칸을 따라 함께 이동한 루브룩 일행은 이듬해 4월 5일 당시 몽골제국의 수도였던 카라코룸에 천신만고 끝에 도착했다.[*10]

임무를 무사히 수행한 후 카라코룸에서 겨울을 보낸 루브룩 일행은 1254년 7월 10일경에 카라코룸을 떠나 귀환 길에 올랐다. 올 때와 거의 같은 경로로 이동한 루브룩 일행은 9월 15일 볼가강 유역의 바투 군영에 무사히 도착했다. 귀환 후 루브룩은 여전히 십자군 원정 중이던 루이 9세를 만나고자 하였으나 팔레스타인 교구장의 거절로 뜻을 이루지 못하였다. 교구장은 대신 루브룩을 아크르 지방의 독경사로 임명하는 한편 몽골제국 여행 보고서를 써서 루이 9세에게 전달토록 했다. 루브룩의 『몽골제국 여행기』는 이렇게 해서 세상의 빛을 보게 되었다.

루브룩의 『몽골제국 여행기』는 카르피니의 『몽골제국의 역사』, 베네딕트의 『타르타르 이야기』와 함께 13세기의 몽골제국에 관한 정보를 생생하게 전달해 주고 있다. 특히 루브룩의 『몽골제국 여행기』는 카르피니의 『몽골제국의 역사』가 보고서의 느낌을 주고 있는 것과는 달리 생생한 현장감을 전달하고 있는 것으로 평가되고 있다. 특히 당시의 다른 여행기들에 많이 수록된 믿을 수 없는 전설과 설화 등은 아예 수록하지도 않았다. 제삼자에 의해 대필되어 여행기라기보다는 지리지의 성격이 훨씬 더 강하다는 평가를 받는 마르코 폴로의 『동방견문록』과도 확연히 차별화된 모습을 보여 주고 있다.[*11] 다음은 루브룩의 『몽골제국 여행기』 중 흥미로운 부분만을 일부 발췌하였다.[*12]

> 루브룩 일행은 굶주리고 목마르고 얼어붙고 지친 상태로 여행해야만 했다. 여행 중 이들에게는 기장으로 만든 죽이 아침으로 제공되었고 밤에는 양고기와 양고기 국이 제공되었다. 고깃국은 영양가가 높을 뿐만 아니라 입맛에도 맞아 루브룩 일행의 허기를 채우기에 충분했다.
>
> 루브룩은 카라코룸 도시 전체의 규모를 생드니*주보다 못하다고 기록했다. 진흙 벽돌로 만들어진 카라코룸 성벽에는 네 개의 문이 있었다고 한다. 동쪽 문밖에서는 수수 등의 곡식을 팔고 있었고 서쪽 문밖에서는 양과 염소를, 남쪽 문밖에서는 소와 마차를 그리고 북쪽 문에서는 말을 파는 장이 섰다고 한다.
>
> 프랑스 출신의 파샤라는 여자가 루브룩 일행을 몽케 칸의 궁전에서 맞아 주었다. 이 여인은 헝가리에서 포로로 잡혀 와 러시아

---

*주 Saint Denis: 인구 9만 명의 프랑스 파리 위성 도시로 파리 북동쪽 11km에 소재하며 금속·기계·자동차·화학·약품·가죽·식품 산업이 발달해 있다.

인 남편과 결혼하여 세 명의 자녀를 두고 있었다. 윌리엄 부시에라는 금세공 장인도 카라코룸에 살고 있었으며 그의 아들은 통역으로 일하고 있었다.

종교시설로는 열두 개의 우상숭배 시설 즉 불교 사찰, 두 개의 이슬람 모스크 그리고 성안 끝의 지붕 꼭대기에는 조그만 십자가가 달린 가톨릭교회가 있었다. 금실로 짜인 천으로 덮여 있는 교회의 제단에는 옷의 외곽선이 진주로 장식된 예수, 성모 마리아, 세례 요한과 두 천사가 수 놓여 있었다. 은제 십자가의 중심부와 거기에 새겨진 천사들은 보석으로 장식되어 있었다. 이처럼 화려하게 장식된 제단에는 세르기우스라는 이름의 아르메니아 수도승이 앉아 있었다. 그는 예루살렘의 은둔자로서 루브룩 일행보다 한 달 전에 이곳에 도착하였는데 타르타르 황제에게 가라는 하느님의 계시를 세 번이나 받고 온 수도승이라고 하였다.

네스토리우스 교도들은 무지하였다. 그들은 시리아어로 된 성경과 전례서를 문법도 모른 채 엉망으로 낭송하는 경우가 많았다. 그들은 또한 고리대금업에 종사하거나 술주정뱅인 경우가 많았다. 심지어 그들의 일부는 타르타르 사람들처럼 일부다처제를 채택하고 있었다. 50년에 한 번 정도 네스토리우스파 주교가 이들을 방문하는데 모든 남자아이는 물론 심지어 요람의 아이들까지 사제 서품을 받는다. 따라서 대부분 남자는 사제의 신분을 가지고 있다. 사제 서품을 받은 뒤에 결혼은 물론 중혼까지도 하는데 이는 분명 계명을 어기는 짓이다.

또한 티베트 사람들은 시신을 묻어서는 안 되고 대신 자기 뱃속에 넣어야 한다는 신념을 지키고 있어서 죽은 친척의 시신을 먹는 관습을 가지고 있었다. 그러나 다른 사람들에게 혐오감을 준다는 이유로 이런 풍습을 버리긴 했지만 대신 친척을 잊지 않기 위해 친척의 두개골로 만든 술잔으로 술을 마시는 버릇이 있었다.

루브룩이나 카르피니의 몽골제국 방문 당시 몽골 사람들은 신앙과 종교에 대해 매우 관용적이었다. 당시 몽골 사람들은 다른 나라의 종교나 신앙의 기능적인 면이나 효용적인 부분만을 수용하려고 했기 때문이다.*13

아라비아 여행가 이븐 바투타가 3대륙 여러 지역을 탐방하고 쓴 『이븐 바투타 여행기Rihlatu Ibn Batūtah』 등을 보면 서양과 중동에서도 십자군 원정 이전에는 기독교인과 이슬람교도들이 서로 환대하며 잘 지내 왔다는 것을 알 수 있다. 그러나 십자군 원정은 기독교도와 이슬람교도에게 서로 적의와 증오를 분출하게 하는 분수령으로 작용했다. 상대 종교에 대한 적의와 증오는 곧 상대에 대한 왜곡으로 이어졌다. 십자군 원정 동안 수많은 이슬람교도는 지하드를 주장하고 찬미하게 되었다. 그 결과 1300년대 시리아의 신학자 이븐 타이미야는 이슬람교 세계에서 기독교, 유대교 등 모든 이교도의 완벽한 배제라는 이슬람원리주의 무장 투쟁 운동인 '지하디즘'을 주창하기에 이르렀다. 그는 여기서 한 발 더 나아가 이교도들에 대해 관용을 주장하는 이슬람교도들 역시 척결되어야 할 대상으로 삼아야 한다고 하였다. 이는 극단 이슬람주의의 태동이 되어 오늘날의 IS와 같은 과격파 이슬람교도로 발전되어 왔다.[*14]

『몽골제국 여행기』에서 루브룩은 고려에 대해 솔랑가[*주]와 카울레로 각각 두 번씩 언급했다. 특히 루브룩은 고려 사절에 대해서 '솔랑가들은 키가 작았고 스페인 사람들처럼 피부가 거무스름했으며, 기독교 부제들이 입는 겉옷처럼 생겼으나 조금 좁은 소매가 있는 튜닉[**주]을 입었다'고 했다. 이어서 카타이아 너머에 카울레라는 나라가 있는데 나이가 몇이든 그 나라에만 들어가면 나이를 더는 먹지 않는다는 것이었다.

이처럼 '코리아'가 세계무대에 처음 등장한 것은 윌리엄

---

*주 솔랑가는 몽골제국 시대에 한반도 북부와 만주 지방 남부를 지칭했는데 때로는 고려만을 지칭하기도 했다. (김호동 2015)

**주 허리 밑까지 내려오는 여성용의 낙낙한 블라우스 또는 코트다. 소매가 달린 T자형이고 보통 허리에 벨트를 매어 입는다.

루브룩의 『몽골제국 여행기』에 수록된 '카울레'를 통해서이며 여기서 '카울레'가 바로 코리아다. 한편 실크로드 전문 연구가인 정수일 교수는 서양 지도에 한반도가 처음 등장한 것은 중세 아랍의 지리학자 알 이드리시가 그린 세계지도에서라고 주장하고 있다. 알 이드리시는 1154년에 한 장의 세계지도와 일흔 장의 지역지도를 그려 넣은 『천애횡단 갈망자의 산책』을 완성하였는데 이 책의 지역지도에 다섯 개의 섬으로 구성된 신라가 처음으로 표기되었다는 것이다.*15

2장
우리 선조들의 국외 여행

『왕오천축국전』을 남긴 혜초 이전, 6세기 전반에도 우리나라 해외여행은 활발하였다. 불교 최고의 전당인 인도의 날란다사*주는 백제의 겸익을 비롯한 삼국의 승려들이 몇 명씩 거주하였다고 전하나 안타깝게도 이들은 여행기록을 남기지는 않았다.

---

*주 날란다(Nalanda) 사원은 현재의 인도 비하르 주에 위치하고 있었으나 폐허가 되어 그 유적만 남아 있을 뿐, 날란다대학과 함께 번성했던 옛 모습은 찾아볼 수 없다. 다만 현장의 『대당서역기』와 의정의 『대당서역구법고승전』 등에서 당시의 모습을 전하고 있는데 그 기록에 따르면, '날란다'라는 이름은 용의 이름에서 유래한 것으로서 이 사원이 있는 부근에 나가난다(Naganand)라는 용이 있어서 붙여진 이름이라고 한다.

그래서 논란이 많긴 하지만 기록상으로 우리나라 기행문의 효시는 혜초가 서기 723년부터 727년까지 당나라를 통해 인도 5개국을 여행하면서 기록한 『왕오천축국전』으로 보아야 할 것이다. 그리고 여행기를 남기지는 않았지만, 중국이나 인도를 여행한 승려, 군인, 사절들의 기록은 많이 전해지고 있다. 이 밖에 전쟁 때문에 타의로 이루어진 여행인 포로, 유민, 인질에 관한 기록도 상당수가 있다.

우리 선조들의 국외여행을 다루면서 가장 서글픈 역사는 공녀들이다. 전쟁에 지거나 속국의 입장에서 우리 선조들이 승전국이나 종주국의 노예로 바쳐져 사고 팔린 치욕과 울분의 역사가 바로 공녀들이기 때문이다. 왕과 나라가 백성을 지켜 주지 못하면 왕과 나라가 존재할 의미가 없다는 것을 처절하게 보여 주고 있는 것이기도 하다. 그런데도 국외여행의 동기나 목적을 불문하고 다루어 보자는 게 이 책의 저술 의도이기 때문에 처참하고 참혹한 역사라도 비껴가지 않기로 한다.

낙양 북망산의 고구려인 기록

중국 하남성 낙양시 서쪽 45km에는 중국 유일의 묘지명박물관인 천당지재千唐之齋가 있다. 이곳은 손문과 함께 신해혁명을 일으켰던 중국군 상장 출신의 장방이 고향에 은거하면서 1921년에 조성한 곳이다. 고향 은거 이후 1930년대에는 하남성장 대리와 민정감찰청장을 역임하였다. 그리고 주은래 시절 국가에 헌납되어 현재까지 중국 정부에 의해 운영되며, 중국 당나라 역사연구기지이자 낙양 8대 관광명소의 하나로 손꼽히고 있다.

중국에서 묘지명은 죽은 자의 인적 사항 즉 성명, 왕조, 관직, 본적, 약력, 추모사로 구성되어 있으며 보통 관 위에 부착된다. 이곳은 사후 세계의 산으로 알려진 북망산의 묘지를 도굴꾼들이 도굴하고 버린 묘지명을 수집하여 벽면에 상감한 곳이다. 또한 묘지명들은 황제부터 궁녀에 이르기까지 그 신분에 따라 크기를 달리하여 전시되고 있다.

낙양은 기원전 11세기에 주나라 성왕이 최초로 도읍을 정한 이후 후한을 비롯한 서진·북위·후당 등 여러 나라의 도읍지로 번창하였던 곳이다. 북망산은 낙양 북쪽에 있는 작은 산 이름이며 후한 이후 일곱 기의 황릉과 함께 귀족들의 무덤이 많기로 유명한 곳이다. 이 같은 연유로 어느 때부터인가 북망산은 사후 세계의 대명사로 알려지게 되었고 지금도 북망산천北邙山川하면 사람이 죽어서 가는 곳, '북망산 가는 길' 하면 죽음을 뜻하는 말이 되었다.

이곳 천당지재에 전시된 묘지명은 지금부터 1,400년 전인 서진과 북위 시기의 역사와 비사를 기록하고 있어 사료로서도 매우 중요한 평가를 받고 있다. 그리고 묘지명의 글씨는 당나라 서예의 변천사라고 해도 과언이 아니다. 2천여 점의 묘지명이 소장되어 있으며 지금은 쓰이지 않고 있지만, 중국의 유명한 여황제인 측천무후가 창제한 20여 개의 한자도 볼 수 있어 이채롭다.*16

이처럼 천당지재는 당나라 3백여 년 서예 사료의 보고로서 전시품 중 정판교, 미원장, 왕탁, 강유위 등의 서예 작품은 세계적인 예술품으로 평가받는다. 이곳 천당지재의 제호는 근대 중국의 3절이라고 칭송되고 있는 서예가 장태염, 조각가 오창석, 문장가 우우임 등에 의해 제자題字: 비석 따위에 쓴 글되고 판각된 것으로도 유명하다.

더욱이 이곳에는 당나라 시대에 낙양에서 무장으로 활동했던 고구려 유민 고현의 묘지명이 외국인으로서는 유일하게 전시되어 있어 당시 우리 조상들의 중국 진출의 한 사례를 보여 주고 있다. 고현의 묘지명에는 그의 증조부인 고보가 고구려에서 도독을 역임하였고, 할아버지 고방은 평양성 자사를 역임한 것으로 기록되어 있다. 아버지 고렴은 고

천당지재에 상감된 고현의 묘지명과 그 설명판, 박의서 촬영.

구려에서의 벼슬 이름은 없지만 당나라에서 천주취안저우: 중국 남부 도시의 사마로 임명되었다고 기록되어 있다. 다음은 고현의 묘지명 요약이다.*17

부군(府君)의 휘(諱)는 현(玄)이요 자(字)는 귀주(貴主)로서 요동(遼東) 삼한인(三韓人)이다. 옛날 당나라 왕실이 일어나 천하를 병탄하자 사방이 호응하여 머리를 조아리며 투항해 왔지만, 동이(東夷)는 복종하지 않고 청해(青海)를 점거하여 나라를 유지하였다. 공(公)은 올바른 법도에 뜻을 두었고 다가올 일을 미리 아는 지혜가 있어서 저 백성들을 버리고 천남생(泉男生)을 따라와 교화를 받들었고, 황제의 가르침을 사모하여 동쪽으로부터 귀순해 오니, 서경(西京)을 본향으로 삼고 적현(赤縣)에 이름을 올렸다. 증조는 고보로서 본주(本州) 도독을 지냈고, 할아버지는 고방으로 평양성 자사(刺史)를 지냈으며, 아버지는 고렴으로 당나라에서 천주(泉州) 사마로 추증되었다. 모두 삼한(三韓)의 귀족으로 누대에 걸쳐 현달하였고, 동이(東夷)의 이름난 현인으로 계속해서 높은 지위에 올랐으니, 이렇게 공(公)과 후(侯)가 필시 반복되는 것은 대대로 걸출한 인물들을 배출하였기 때문이리라.

한국 도교의 창시자

김가기*주는 중국에서 도교를 한국으로 전한 한국 도교의 창시자로 알려졌다. 지금도 중국 서안시 장안현 자오곡의 금선관**주에 그의 조상과 비석인 〈김가기전마애각문金可記傳磨崖刻文〉, 일명 〈흑룡비黑龍碑〉가 전해져 오고 있다. 〈김

종남산 자오곡의 도교 사원 금선관 입구, 박의서 촬영.

가기전마애각문〉은 1987년 중국인 이지근 교수에 의해서 처음 발견되었으며 당나라에 건너간 신라 유학 지식인들의 실제적 활동과 중국인들에 미친 영향을 엿보게 하는 귀중한 자료로 평가되고 있다.*18

*주 金可紀: 金可記로 표기된 기록도 있다.

**주 한국의 도교 관련 학회인 금선학회가 중국의 도교협회와 공동으로 김가기를 기리기 위해 2006년 중국 서안시 종남산의 자오곡에 조성한 도교 사원.

김가기는 이른바 탈속한 신선들의 전기를 모은 책인 중국의 『속선전續仙傳』에 기록된 도인이다. 우리나라에는 『해동이적海東異蹟』에 김가기의 기록이 나온다. 김가기는 신라 제38대 원성왕 때 당나라에 들어가 현종 때 외국인을 대상으로 행해지는 빈공과의 진사에 합격하여 장안현위를 지냈다. 같은 시기에 최승우와 승려 자혜도 같이 당나라에 유학하고 있었다.

김가기는 진사에 합격하여 대리평사가 된 최승우와 함께 종남산 자오곡의 광법사에 놀러 갔다가 마침 그 절에서 공부하고 있던 신라 승려인 자혜와 더불어 도술을 익힌 것으로 전해지고 있다. 한때 신라로 귀환하였으나 당시 신라의 골품제도의 한계에 부딪혀 다시 당나라에 들어가 종남산 자오곡에 은둔하며 『선경』과 『도덕경』을 즐겨 읽었다고 한다.

858년 당나라 황제에게 상소하여 자기가 옥황상제의 부름을 받고 영문대의 시랑이 되어 이듬해 2월 15일 하늘로 올라갈 것이라고 예언하였다는 전설이 전해져 오고 있다. 한편 김가기와 함께 중국에서 공부했던 최승우와 승려 자혜가 각종 선도에 관한 책을 가지고 신라로 돌아오면서 이때부터 도교가 우리나라에 전래된 것으로 보고 있다.*19

중국에서 지장보살이 된 신라 왕자

김교각은 신라 성덕왕의 아들로 24세에 당나라에서 출가하여 교각喬覺이라는 법명을 받았다. 그리고 중국각지를 돌며 구도생활을 하다가 안휘성 지주시 구화산 화성사에서 화엄경을 설파하였다. 김교각의 명성이 높아지자 중국 각지는 물론 멀리 신라에서까지 불법을 들으러 올 만큼 화성사는 불교 성지로 거듭나게 되었다.

김교각은 794년 99세의 나이로 참선 중 입적하였는데 죽기 전에 제자들을 모아 놓고 자신의 시신을 석함에 넣고 3년 후에도 썩지 않으면 등신불로 만들라는 유언을 남겼다고 한다. 그의 말대로 열반 후에도 그의 육신이 썩지 않자, 신도와 승려들은 그를 지장보살의 화신으로 인정하고 육신에 금을 입혀 등신불로 봉헌했기 때문에 그때부터 구화산 화성사는 지장보살의 도량이 되었다. 아직도 화성사 지장보전에는 그의 등신불이 봉안되어 있으며[*20] 지장보살 김교각의 형상은 화성사뿐만 아니라 이후 중국 전역의 지장전 모습에도 영향을 끼쳤다.

중국 불교의 4대 성지는 오대산 문수성지, 보타산 관음성지, 아미산 보현성지 그리고 구화산 지장성지다. 이 중 구화산 화성사가 지장성지로 형성된 것은 전적으로 김교각 때문이다. 김교각의 행적은 813년 중국 당나라의 비관경이 쓴 『구화산화성사기九華山化城寺記』 등에 기록되어 있다.*21 『구화산화성사기』에 따르면 현종713~741 말년에 호언이라는 사람이 승단화상에게 구화산에 불법을 열어 줄 것을 청하면서 많은 이들이 불법에 관심을 두게 되었다. 그러나 당시 권문세가와 관료들이 이를 모두 시기하면서 오히려 불교가 쇠퇴하게 되었다.

이즈음, 신라 구법승 김교각이 구화산에 이르러 바위굴에 거주하면서 백토와 죽만으로 연명하며 수행에 전념했다. 이때 제갈절이라는 사람이 입산했다가 김교각의 수행에 감동해 도량을 지어 바쳤다. 이후 당 덕종 초에 태수 장엄앙의 시주로 도량이 크게 확장된 후 조정에 편액을 청하여 받은 사찰이 곧 화성사다. 사찰을 크게 중창한 후에도 김교각과 그 제자들은 여전히 화전을 일구고 고행을 하는 등 자급자족하며 무소유를 실천했다고 한다.*22

중국인이 쓴 『왕오천축국전』?

기록으로 나타난 한국 최초의 여행기는 8세기 통일신라의 승려로 알려진 혜초가 지은 『왕오천축국전』으로 보고 있다. 이 책은 723년부터 727년까지 햇수로 5년에 걸친 대장정의 기록으로 한국인이 쓴 최초의 해외 여행기라고 여겨지지만, 혜초가 신라인이라는 확실한 기록은 없다. 다만 『왕오천축국전』에 실린 다음의 오언시를 통해 그가 신라인이라고 유추하고 있을 뿐이다.[*23]

달 밝은 밤에 고향길 바라보니 月夜瞻鄕路
뜬구름 바람따라 흘러가네 浮雲颯颯歸
그편에 편지 한 장 부쳐 보지만 緘書忝去便
바람 거세 회답이 들리지 않는구나 風急不聽廻
내 나라는 하늘가 북쪽에 있고 我國天岸北
낯선 나라는 서쪽 땅끝에 있네 他邦地角西
남방에는 소식 전해 줄 기러기마저 없으니 日南無有鴈
그 누가 소식 전하러 계림으로 날아 갈까 誰爲向林飛

시에 등장하는 '(계)림林'은 신라가 국호를 변경하기 전의 다른 이름이다.[*24] 즉 그의 고향 계림으로 날아가고 싶다는 간절한 그리움을 담은 구절만이 그가 신라인임을 입증하는 유일한 단서다.[*25] 또한, 정수일 교수는 신라시대에는 임林, 즉 숲을 신성시했고 계림을 국호로 삼았다는 점을 고려

할 때 혜초가 『왕오천축국전』의 오언시에서 향수에 잠겨 고국 계림인 신라를 그리워했다고 주장하고 있다.[*26] 그러나 혜초가 정확히 언제 태어났고 언제 중국으로 유학을 떠났는지도 알려진 게 전혀 없다. 그뿐만 아니라 혜초의 생애에 관해서도 많은 부분 미궁에 빠져 있어서 그가 신라인이 아닐 것이라는 주장도 제기되고 있다.[*27]

현재까지 알려진 기록에 따르면 혜초는 16세의 어린 나이에 배편으로 중국으로 건너간 후 중국에서 겨우 4년 정도를 머문다. 이후 앞서 천축을 여행한 법현(64세), 현장(26세), 의정(37세) 등에 비해 이해하기 어려울 정도의 젊은 시절에 천축 여행을 시작한다. 혜초가 천축 여행을 끝낸 후 신라로 돌아오지 않고 당나라에서 활동하다가 중국의 오대산에서 숨을 거두었다는 사실도 그가 어쩌면 신라인이 아니었음을 뒷받침하고 있는 것인지도 모른다. 더욱이 중국 유학승에 대해 자세히 기록하고 있는 삼국사기의 그 어느 곳에도 혜초에 관한 기록이 없다는 것도 특이한 일이다. 이를 근거로 하여 온옥성 등의 일부 중국학자들은 아예 혜초는 신라 사람이 아닌 당나라 사람이라고 주장하고 있다.[*28]

『왕오천축국전』은 1908년 프랑스 동양학자 폴 펠리오에 의해 중국 감숙성 돈황의 막고굴 장경동에서 발견된 후 현재 파리국립도서관에 보관되어 있다. 발견 당시 펠리오는 중국인 혜림의 『일체경음의一切經音義』*주를 통해 책의 존재를 이미 알고 있었다. 돈황에서 펠리오에게 발견된 이후 1909년 중국학자 나진옥에 의해 『왕오천축국전』임이 확인되었다. 그 후 1914년 일본의 다카쿠스 준지로는 당나라 밀교의 문헌을 통해 혜초가 신라인이라고 주장했다. 1938년에는 독일인 푹스에 의해 현대어로 번역되어 서양에 처음 소개되고 1941년, 일본의 하네다 도오루가 일본어 번역본을 발간한 후 1943년, 최남선이 원문과 해제를 붙임으로써 국내외에 널리 알려지게 되었다.

'천축'은 불교가 중국에 유입된 후 인도에 대한 관심이 높아지면서 3세기와 5세기 사이에 중국인들이 고대 인도에 붙인 이름이다. 그런데 천축을 동서남북과 중앙으로 구분해 '오천축'으로 부른 사람은 혜초의 여행기가 최초이다.*29 기행문의 내용은 혜초에 앞서 천축을 여행했던 입축구법승들의 여행기록인 법현의 『불국기』, 현장의 『대당서역기』와 많은 부분 중복되고 있을 뿐만 아니라 표현과 문법마저 미

*주 『일체경음의』는 여러 불전에 나오는 난해한 단어들의 음과 뜻을 풀이한 불교용어 사전이다. 당나라 때 혜림이 편찬하였으며 특히 이 책 속에는 혜초의 『왕오천축국전』에 대한 용어 해설도 포함되어 있어 귀중한 자료로 평가받고 있다.

숙한 곳이 많아서 프랑스인 중국문학자이자 발견자이기도 한 펠리오는 『왕오천축국전』에 대해 다음과 같은 혹독한 평가를 하고 있다.

> "새로 발견된 이 여행기는 법현의 『불국기』와 같은 문학적 가치도 없고, 현장의 『대당서역기』와 같은 정밀한 서술도 없다. 그의 문체는 평면적이다. 몇 수의 시가 들어 있긴 하지만 아예 수록하지 않은 것만 못하다. 그의 서술은 절망적이고 단조롭다. 그러나 이것은 이 여행기가 동시대의 기술이라는 것을 보여 주고 있기도 하다."

그러나 정수일 교수는 『왕오천축국전』의 내용이 독특한 것도 적지 않은 데다가 원본을 간추린 과정에서 오·탈자가 많은 필사된 사본임을 살필 때 이를 가지고 전체 여행기를 헐뜯는 것은 무리한 평가라고 주장하고 있다. 오히려 오언시가 다섯 편이나 실려 있어 평면적인 기술에만 머문 『불국기』나 『대당서역기』에 비해 서정적인 기행문으로 평가될 수 있다고 했다.*30

펠리오에 의해 발견된 『왕오천축국전』은 하나의 두루마리로서 본래 세 권이었던 것으로 보이는 원본을 간추린 절

략본節略本의 필사본이다. 그나마 앞과 뒤가 잘려 나가 책명과 저자명이 없는 총 227행의 잔간殘簡으로 총 길이가 358cm, 폭 42cm에 글자 수가 5,893자에 불과한 짤막한 여행 기록이다. 발견된 여행기의 앞부분이 떨어져 나갔기 때문에 혜초의 서역 기행은 당시 당나라 무역선들이 다니던 남해항로를 따라 중국 광주에서 바닷길을 이용해 동천축에 도달했을 것으로 추측할 뿐 이 부분에 관한 기록은 남겨진 것이 없다. 실제로 7-8세기의 구법승들은 주로 이 해로를 이용하여 인도를 여행했다.

혜초의 당나라 입국 경로는 알려지지 않았으나 당나라에 들어간 후 중국 광주에서 천축의 밀교승인 금강지를 만나 사사하게 된다. 금강지는 남천축 출신으로 현재의 스리랑카인 사자주와 수마트라를 거쳐 719년에 중국에 도착하여 밀교를 전도한 승려이다. 중국 광주에서 처음 금강지를 만난 혜초는 스승 금강지의 권유로 723년 스승이 동쪽으로 올라간 바닷길을 따라서 인도로 향하였다. 뱃길로 인도에 도착한 뒤 육로로 페르시아, 중앙아시아를 거쳐 당의 수도인 장안 즉 지금의 서안까지 2만km를 여행한 것으로 추정된다.

혜초의 여행기록은 폐사리국에서 시작된다. 지금으로 치면 인도의 바이샬리에 해당하는 곳이다. 바닷길을 통해 동천축에 도착한 혜초는 중천축으로 직행해서 석가모니의 열반처이자 불교 4대 성지의 하나인 구시나국을 먼저 순례한다. 이후 남쪽으로 마게타국에 이르러 녹야원, 왕사성, 마하보리의 성탑을 순례한 후 갠지스 강을 거슬러 올라가 중천축의 수도 갈나급자에 도착해서 이곳의 기후와 풍속에 관해 기록하고 있다.

그리고 중천축의 불교 유적들을 둘러 본 후 남쪽으로 석달을 걸어서 남천축에 이른다. 남천축을 돌아본 후 다시 석달을 걸어서 서천축을 거쳐 북천축의 수도 사란달라에 도착한다. 이후 서쪽으로 신두고라국, 가섭미라국, 건타라국, 오장국, 구위국, 계빈국, 사율국, 범인국을 거쳐 토화라에 도착한다. 여기서 서쪽으로 파사 다시 북쪽으로 혜초 여정의 서단인 대식에 도착한다. 이후 토화라, 호밀국을 거쳐 파미르 고원을 넘은 후 소륵에 이른 후 727년 11월에 당시 당의 안서도호부가 설치되어 있던 구자 즉 현재의 쿠차에 도착한다. 혜초는 이후 언기를 거쳐 장안으로 돌아오는데 언기와 장안까지의 여정 역시 빠져 있어 이후의 자세한 여정은 알려지지 않고 있다.

혜초의 천축 여행이 구법 순례가 목적이었기 때문에 동천축 여행에서의 주된 관심은 불교성지의 모습을 비롯한 불교에 관련된 것들로 제한되어 있다. 그러나 여행지를 옮겨 가면서 그의 관심은 불교 외에도 정치, 경제, 사회를 비롯하여 의식주, 언어, 지리와 기후 등으로 옮겨 가게 된다. 그리하여 그는 인간의 삶과 관련된 정치, 경제, 사회, 지리, 문화, 군사, 종교 등의 단면을 모두 기술하고 있다.

혜초의 여정 중 안서도호부(현재의 고창과 쿠차에 소재)는 고구려 유민의 후예로서 당나라 현종의 명을 받아 서역 정벌을 네 차례나 수행한 고선지 장군이 병마절도사로 주둔하고 있던 곳이기도 하다. 서울대 국문과 교수이자 소설가인 김탁환은 그의 소설 『혜초』에서 혜초의 구법여행과 고선지의 서역 정벌 중 그 여정의 일부가 겹쳐 서로 만나고 있는 것으로 묘사하고 있다. 이는 소설로서는 매우 흥미 있는 설정이나 실제로는 혜초는 727년경에 대식에 다녀왔고 고선지가 탈라스 전투에서 이슬람 대군과 격전을 벌인 것은 751년이기 때문에 혜초의 여정은 고선지의 전투보다 약 25년이나 앞선 일이다.

이전 천축 여행 기록인 법현의 『불국기』, 현장의 『대당서역기』와 혜초의 『왕오천축국전』의 귀로에 모두 등장하는 실크로드*주 육로의 하나인 오아시스로의 쿠차는 동서문명 교류에 큰 역할을 한 것으로 알려져 있다. 특히 쿠차의 음악과 춤은 인도, 페르시아 그리고 중국의 음악과 춤에 영향을 받아 독특한 특색의 안무로 창출되었으며, 중국을 거쳐 한반도와 일본에까지 전수되었다. 최치원은 『향악잡영오수鄕樂雜詠五首』에서 신라 때 유행하던 다섯 가지 놀이를 소개하고 있는데 이 중 오늘날까지 전승되고 있는 사자춤 즉 산예狻猊 역시 쿠차에서 전해 내려온 것이다.*31

또한 『왕오천축국전』은 8세기 초의 인도는 물론 중앙아시아와 서아시아의 역사·지리·경제·민속 등에 관한 자료들이 담겨 있어 사료적 가치가 높다고 평가되고 있다. 놀라운 점은 법현이나 현장과는 달리 천축이라 불린 인도뿐만 아니라, 지금으로 말하자면 파키스탄, 아프가니스탄, 이란, 터키에 관한 기록을 남기고 있는 여행기라는 점이다.

그러나 혜초가 사라센제국의 이슬람 문화와 나아가서 기독교 문화권인 비잔틴 제국도 살펴본 것으로 되어 있으나 여정과 여행 기간으로 볼 때 실제로 방문했다기보다는 전해 들은 것을 토대로 한 기록일 것이라는 해석이 지배적이

---

*주 실크로드는 오아시스 육로와 초원 육로 그리고 중국의 광주, 말레이시아, 인도네시아, 인도, 아랍과 아프리카를 연결하는 해양 실크로드로 구성되어 있다. 오늘날 중국 시진핑 주석이 천명하고 있는 일대일로(一帶一路)는 육로와 해로의 실크로드 모두를 의미한다.

다. 그리고 『왕오천축국전』은 앞뒤가 빠진 채 발견되었기 때문에 여행기의 내용이나 여정에서 모호하거나 혼동되는 곳이 여러 곳 등장하고 있다. 특히 혜초가 직접 답사했다는 곳과 전해들은 곳을 쉽사리 가려낼 수 없어서 혜초가 서역의 어디까지 다녀왔는가에 대해서는 아직도 논란이 많다.[*32]

기록에서 빠져 있어 추측일 뿐이지만 혜초의 천축 왕복은 육로로만 여행한 현장이나 해로로만 왕복한 의정과는 달리, 갈 때는 해로를, 돌아올 때는 육로를 이용한 최초의 여행자로 볼 수 있다. 또한 기록대로라면 의정과 현장은 기껏해야 현재의 아프카니스탄인 토화라까지만 여행한 데 비해 혜초는 당시에 대식[*주]이라고 불리던 페르시아의 니샤프르까지 여행했다고 나온다.[*33] 혜초는 불교를 탐구하기 위해 여행을 시작했지만 결과적으로 불교라는 창을 통해 이슬람 국가들인 중앙아시아와 페르시아까지 둘러본 것이다. 통일신라 때부터 한반도와 아랍의 이슬람 국가 간에는 많은 접촉이 있었다. 그러나 우리나라 문헌에는 이에 관한 기록이 전혀 발견되지 않고 있다가 혜초의 『왕오천축국전』에

*주 대식은 아라비아의 부족 중 타직(Tajik)의 음사이다. (정종숙 2008)

서 대식, 즉 아랍에 관한 기록이 처음 등장한다.[*34]

반면 이슬람 국가까지 여행한 혜초는 끝내 신라로 귀국하지 않고 중국 산서성 북동부의 오대산에 들어가 입적하였으며 만년 50여 년 동안은 당의 수도였던 장안에서 머문 것으로 알려졌다. 지금은 서안으로 불리고 있는 장안에서 60km 떨어진 선유사의 옥류담은 혜초가 황제의 명으로 기우제를 지낸 곳이다. 이곳에는 혜초의 기우제를 기리는 기념비가 서 있었으나 댐 건설로 수몰된 후 유실되었다. 이후 2001년 한국 조계종의 주도로 〈신라국고승혜초기념비〉와 정자가 세워졌으나 관리도 허술하거니와 찾아 주는 이도 없어 쓸쓸함만 더한다.[*35]

1908년 『왕오천축국전』의 존재가 세상에 알려진 후, 많은 연구가 이루어져 왔다. 그러나 그동안 『왕오천축국전』에 관한 세계 고전 기행 문학사적 위상에 관한 연구는 제대로 이루어진 적이 없었기 때문에 이 기행문의 세계 고전 기행 문학사적 평가를 놓고는 막연한 주장들이 이어져 오고 있다.[*36] 우선 혜초의 여행 기간은 햇수로 5년으로서 혜초에 앞서 천축을 방문한 중국 승려 법현은 399년부터 410년까지 12년, 현장은 627년부터 643년까지 17년 그리고 의정은 671년부터 689년까지 18년 동안이나 천축에 머물면서 성지

순례는 물론 불법을 연구한 것과 비교하면 혜초의 일정은 매우 짧다. 『입당구법순례행기』를 쓴 일본 승려 엔닌의 여행 기간도 9년 6개월이라는 장시간을 당나라에 체류한 기록을 남기고 있다. 여행기의 서술에서도 혜초의 기록은 간단하고 단조로운 형태의 서술인 것에 비해 『입당구법순례행기』는 그림을 보는 듯한 묘사의 일기로 구성되어 있어 여러모로 『왕오천축국전』과는 비교의 대상이 아니다.

그럼에도 불구하고 정수일 교수는 그의 역서 『오도릭의 동방기행』의 서문에서 마르코 폴로의 『동방견문록』, 오도릭의 『동방기행』, 이븐 바투타의 『이븐바투타여행기』와 함께 『왕오천축국전』을 세계 4대 여행기의 하나로 꼽고 있다.*37 다수의 국내 언론 역시 정수일 교수의 주장을 그대로 따르고 있다. 한편 경주대 문화재학과 임영애 교수는 『왕오천축국전』을 법현의 『불국기』, 현장의 『대당서역기』와 함께 3대 천축 여행기로 꼽았다.*38 필자도 5세기부터 14세기 사이에 쓰인 동서양 고전 기행문들의 여행 목적, 여행 기간, 여행 시기, 여정 등을 비교 분석하여 보았다. 하지만 정수일 교수의 의견과는 달리 『왕오천축국전』을 세계 4대 여행기로 평가하는 것은 무리라고 보였다. 반면 법현의 『불국기』 등 4권의 책과 함께 동양의 5대 여행기로는 평가될 수는 있다고 생각한다.

서양에서도 '7대 불가사의'라며 행운을 상징하는 7자를 좋아하는 관습이 있다. 하지만 우리나라 사람들은 유별나게 3대니 4대니 하여 사물의 범주를 주관적으로 획정하는 것을 좋아한다. 『왕오천축국전』 역시 세계 4대 여행기라고 주장하는 것은 매우 주관적인 평가다. 『왕오천축국전』의 여행사적, 기행문학적 가치는 세계 4대 여행기에 포함되느냐의 여부에 달린 것이 아니라 존재 그 자체로 빛을 발하는 것이다.

이처럼 동서양 고전여행기를 정리하면 먼저 동양은 8세기 『왕오천축국전』을 포함하여 5세기 『불국기』, 7세기 『대당서역기』, 『남해기귀내법전』, 6세기 『송운행기』, 『입당구법순례행기』가 있다. 서양에서도 13세기와 14세기에 걸쳐 『동방견문록』, 『오도릭의 동방기행』, 『이븐바투타여행기』와 같은 고전여행기들이 쓰였다.

동서양의 주요 고전여행기 비교

여행기	여행자	집필자	여행목적	여행시기	여행기간 (햇수)	주요 여정
불국기	법현	법현	불교	5세기	399/413 (15년)	인도, 스리랑카
송운행기	송운과 혜생	양현지	외교	6세기	518/521 (4년)	서역, 인도
대당서역기	현장	변기	불교	7세기	627/643 (17년)	인도
남해기귀내법전	의정	의정	불교	7세기	671/695 (25년)	인도, 인도네시아, 말레이시아
왕오천축국전	혜초	혜초	불교 성지순례	8세기	723/727 (5년)	인도, 중앙아시아
입당구법 순례행기	엔닌	엔닌	불교	9세기	838/847 (10년)	중국(당나라)
동방견문록	마르코폴로	루스티켈로	교역	13세기	1271/1295 (17년)	중동, 아프리카, 아시아
오도릭의 동방기행	오도릭	윌리엄 솔라냐	선교	14세기	1318/1330 (12년)	유럽, 아시아
이븐바투타 여행기	이븐바투타	이븐주자이	성지순례 동방세계 탐구	14세기	1325/1354 (25년)	아시아, 아프리카, 유럽

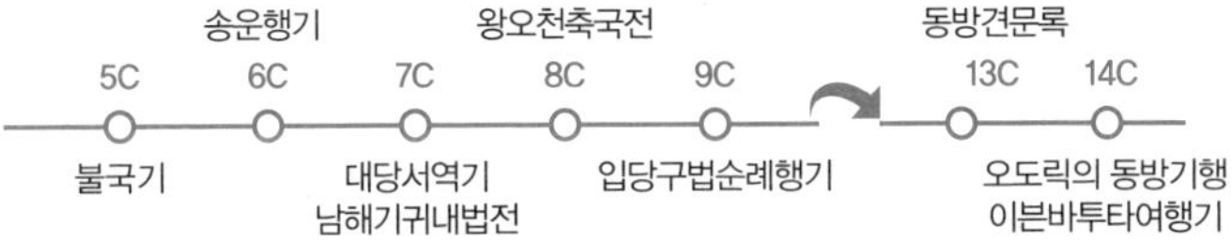

'서명학파'로 일가를 이룬 현장의 수제자

중국 서안 동남쪽 24km 지점인 함령현 번천의 홍교사 마당에는 『대당서역기』로 유명한 현장의 오층탑이 세워져 있고 그 탑의 좌우에는 현장의 양대 제자인 원측과 규기의 삼층탑이 나란히 하고 있다. 천축에서 가져온 1,335권의 엄청난 경전 번역에 전념해 온 현장은 664년에 입적하여 백록원에 묻혔다. 5년 후인 669년 사월 초파일에 현장만을 위한 오층탑을 세우고 그곳에 절까지 창건하니 바로 흥교사다. 흥교사는 번천의 넓은 평야를 가로질러 김가기의 수도 장소로도 유명한 종남산을 바라보는 구릉의 명당에 위치하고 있다.

홍교사 세 탑 주인공의 한 사람인 원측은 신라의 왕손으로 15세 때인 627년에 당나라로 건너가 유식학 등을 연구한 후 유식학의 대가로 명성을 떨치게 된다. 『대당서역기』와 『서유기』로 유명한 현장이 천축에서 귀국한 후로는 그에게도 사사하였으며 규기와 함께 쌍벽을 이루는 현장의 수제자가 되었다. 원측은 중국어와 산스크리트어에 능통하여 당 태종으로부터 도첩度牒*주을 받고 현장의 문하에서 주로 경전 번역에 참여하였다.

현장 문하에서 원측과 함께 동문수학한 규기는 대자은사에서 현장에게 사사한 후 역경에 종사하면서 유식 법상종을 중국 전역에 전파한 학승이었기 때문에 그의 후계자들

---

*주 출가하여 득도한 승려에게 주는 호칭이다. 또한 수계한 자에게 주는 호칭은 계첩(戒牒)이라고 한다. 도첩을 갖지 않은 중을 사도승(私度僧)이라고 하여 공식적으로는 승려의 신분을 인정받지 못한 사람을 지칭한다.

은 '자은학파'라고 불리고 있다. 이에 반해 측천무후를 비롯한 황실의 지원을 받은 원측은 자은사 부근의 서명사에서 역경을 수행하고 학문을 닦았기 때문에 그 후계자들은 '서명학파'라고 불리게 되었다.*39

당나라에서 끝내 신라로 귀국하지 않은 원측은 696년 84세에 입적한 뒤 향산사의 백탑에 그의 분골이 봉안되었다가 송나라 때인 1115년에 홍교사 현장탑의 왼쪽에 옮겨져 오늘에 이르고 있다.

서안 함령현 홍교사 마당에 현장의 오층탑과 함께 서 있는 원측의 삼층탑과 그 설명판, 박의서 촬영.

서역을 정벌한 고구려 출신 당나라 장수

고선지는 당나라 시대에 서역을 평정한 고구려 출신 장군이다. 고선지의 선조는 고구려 멸망의 쓰라림을 안고 이역만리 당나라까지 끌려간 고구려 유민이었다. 고선지의 부친 고사계는 668년 고구려 멸망 후 중원으로 이주하여 군인으로 복무하였다. 아버지의 영향으로 일찍이 군인으로 당 사회에 적응한 고선지는 20세에 진격장군이 되었으며 이후 파미르고원 지역 방어 총책인 사진도지병마사로 임명되었다. 747년 당나라의 현종으로부터 행영절도사로 임명된 고선지는 파미르고원을 넘어 토번 즉 티베트의 지배 아래에 있던 카슈미르 북부인 소발률을 점령하였다. 이후 지금의 우즈베키스탄 아랄 해 남부, 카슈미르, 파키스탄 북부와 아프가니스탄의 카불까지 정벌함으로써 당나라 서역의 변방을 평정하였다.

750년 고선지는 사마르칸트와 타슈켄트를 점령하고 사마르칸트 국왕을 포로로 잡기도 하였다. 그러나 이 과정에서 왕을 포함한 포로들을 난폭하게 진압함으로써 탈라스 전투의 빌미를 제공하게 된다. 751년 이 지역에 새로 등장한 아랍제국의 아바스 왕조와 751년 고선지가 이끄는 안서도호부 군대가 지금의 카자흐스탄 타슈켄트 부근의 탈라스

강 유역에서 중앙아시아의 패권을 두고 싸웠으나 고선지가 패퇴하였다.

한편 전투에서 이슬람의 포로가 된 고선지 휘하의 장수 두환은 10여 년간 체류한 이슬람 세계에 관한 체험을 견문록으로 펴냈는데 이것이 바로 『경행기經行記』다.*40 이 책은 고선지가 이끈 서역 원정군의 일원으로 751년부터 762년까지 카자흐스탄의 탈라스 전투에 참전했다가 포로로 잡힌 두환이 사마르칸트, 이란, 이라크, 시리아까지 갔다가 페르시아 만과 인도양을 거쳐 광둥으로 돌아온 과정을 기록한 견문록이다.*41

또한 전투에서 이슬람의 포로가 된 당나라 군사 중에는 다수의 제지 기술자들이 포함되어 있었다. 고선지의 당나라 군대는 비록 탈라스 전투에서는 패했지만, 중국의 제지술은 이들 포로를 통해 사마르칸트와 바그다드를 거쳐 이슬람 전역으로 퍼져 나갔다. 아랍인들은 이를 다시 유럽으로 전파하여 결과적으로 유럽 문명의 진화를 도와주게 된다.*42

이 후에 변경에 있던 무장 안녹산이 반란을 일으키자 당의 현종은 고선지를 정토군 부원수로 삼아 토벌토록 하였다. 고선지는 진군 중 전략상 후퇴를 하며 군수품이 적의 수중에 들어가는 것을 막기 위해 창고의 물품을 병사들에게 나누어 주었다. 그러나 군수품 배분이 황제에 대한 불충이라는 부하 장수의 무고로 인하여 고선지는 진중에서 참수당하게 된다.

불운한 말년에도 불구하고 타클라마칸 사막과 파미르고원을 넘나들며 쌓은 고선지의 전공은 역사의 평가를 받고 있다. 고선지의 전과를 나폴레옹의 알프스 종단보다 더 뛰어난 업적이라고 평가하는 학자들도 있기 때문이다.*43

당나라에서 활약한 신라 유학생

『계원필경집桂苑筆耕集』으로 잘 알려진 최치원은 신라 말기의 도당유학생으로 대표적인 지식인이었다. 문필에 능해 당나라 황소의 난 때 〈토황소격문討黃巢檄文〉을 지은 것으로 유명하다. 최치원은 6두품 집안 출신으로 엄격한 골품제 사회였던 신라에서 아무리 능력이 뛰어나도 6등 위인 아찬까지만 오를 수 있었다. 이러한 골품제의 한계 속에서 자신의 역량을 마음껏 발휘할 수 없었던 최치원은 그 대안을 찾아 열두 살 때 당나라 유학길에 오른다. 당시 비슷한 처지의 다른 6두품들도 당나라 유학길을 많이 선택했다. 837년, 한 해 동안 당나라에 건너간 신라 유학생 수가 216명에 달한다

는 것이 그 증거다.*44

당나라에 간 최치원은 졸음을 쫓기 위해 상투 끝을 천장에 매달고 바늘로 다리를 찔러 가며 열심히 노력했다. 그 결과 당나라 유학 6년 만인 874년, 18세 때 빈공과 장원으로 합격했다. 빈공과는 당나라에서 외국인을 대상으로 벌인 과거시험으로 여기에 합격하면 당나라에서 벼슬을 할 수 있을 뿐 아니라 귀국 후 출세가 보장된 엘리트 코스였다.*45

과거에 합격한 2년 뒤인 876년 당나라 율수현위로서 관직을 시작했으나 이듬해 사직한 후 잠시 문객 생활을 했다. 이후 양주의 당성을 막부로 쓰고 있던 회남절도사 고변의 추천으로 관역순관이라는 비교적 높은 지위에 올랐다. 이곳 당성이 바로 현재 '최치원 기념관'이 자리 잡고 있는 곳이다. 최치원이 당나라에서 문명을 떨치게 된 것은 최치원을 관역순관으로 천거한 고변이 제도행영병마도통諸道行營兵馬都統이 되어 879년 황소의 반란을 칠 때 고변의 종사관으로 서기의 책임을 지게 되면서부터였다.

'황소의 난'은 소금장수였던 황소가 장안을 점령하고 스스로 황제라 칭한 사건으로 고변은 이를 토벌하러 나가며 최치원을 종사관으로 발탁했다. 최치원은 이때 '온 천하 사람들이 너를 드러내 놓고 죽이려 할 뿐 아니라 지하의 귀신들까지 너를 죽이려 이미 의논했을 것이니 네가 비록 숨은 붙어 있다고는 하지만 넋은 이미 빠졌을 것'이라는 요지의 〈토황소격문〉을 썼다. 당시 위협과 회유가 함의된 최치원의 글을 읽고 놀란 황소가 침상 아래로 굴러떨어졌다는 일화는 유명하다. 이로 인해 당나라에서는 '황소를 격퇴한 것은 칼이 아닌 최치원의 글이다'라는 이야기가 떠돌 정도였다. 황소의 난이 진압되자 중국 황제는 정5품 이상에게 하사하는 자금어대*주를 그에게 하사했다.*46 이러한 업적에도 불구하고 고국과 부모님에 대한 그리움으로 17년간의 당나라 생활을 접고 신라로 돌아왔다. 왕권을 강화하려던 신라의 헌강왕은 최치원을 시독 겸 한림학사로 임명해 곁에 두었다.

그는 당나라에서 배운 학문을 토대로 신라의 풍속을 혁신시켜 중국보다 앞서고자 노력하였다. 그러나 이듬해 헌강왕이 죽자 이미 귀족들의 눈 밖에 난 최치원은 외직을 전전하게 되었다. 외직을 전전하면서도 신라를 개혁하려는 그의 의지는 변함이 없었다. 894년에는 진성여왕에게 시무

*주 紫金魚袋: 물고기 모양의 장식이 붙어 있는 붉은 주머니로 공복의 띠에 매달아 관직의 귀천을 구분하였다. (한국고전용어사전 2001)

책 10여 조를 올려 구체적인 개혁안을 제안했다. 여기에 감명받은 진성여왕은 6두품이 오를 수 있는 최고 관직인 아찬을 제수해 개혁을 수행하고자 했지만, 중앙 귀족들 반대로 뜻을 이루지 못했다. 당나라에서는 이방인이라는 한계가, 고국에서는 6두품이라는 신분의 한계가 그의 발목을 잡은 것이다.[*47]

뜻을 이루지 못한 최치원은 898년 가족과 함께 가야산에 들어가 숨어 살았는데 어떻게 생을 마쳤는지는 알려진 게 없다. 경상남도 하동의 쌍계사에는 그가 당나라에서 귀국한 지 3년 만에 직접 문장을 짓고 쓴 비문인 〈진감선사대공탑비〉가 남아 있다.[*48]

기록으로만 남은 '입중구법승'과 '입축구법승'

신라가 3국을 통일한 후 친당 정책을 더 강화하면서 승려들과 유학생들의 당나라 여행이 더욱 빈번해지게 되었다. 신라 승려 각덕이 중국 양나라로 건너갔다가 진흥왕 10년에 불사리를 가지고 돌아온 것이 입중구법入中求法 여행의 효시로 알려졌다. 그 후, 신라가 멸망할 때까지 약 4백 년 동안 구법을 위해 수나라와 당나라를 여행한 신라의 승려 수는 수백 명에 달하고 있다.[*49] 837년에는 신라의 유학생 수가 216명에 이른다. 또한 당 문화가 만개한 8-9세기 중 이름이 확인된 입중구법승入中求法僧의 숫자가 80여 명에 이른다는 사실로 미루어 새로운 지식을 찾아 서해를 건너간 신라인들의 숫자는 이 외에도 상당했을 것으로 추정되고 있다.[*50]

6세기에는 고구려의 의연, 지황, 백제의 겸익, 현광 등 다수의 구법승이 남조로 여행한 기록이 있다. 7세기부터 9세기까지 수나라와 당나라 때는 명랑, 자장, 의상, 원측, 도륜, 도증, 승장, 혜각 등의 승려들이 구법을 위해 중국행을 택했다. 이 중 현장을 도와 법상종을 새로 세운 원측과 해동 화엄종을 일으킨 의상은 그 뛰어난 업적으로 이름이 잘 알려진 경우다.[*51]

원광, 자장, 의상, 원측 등의 구법승들은 당시의 당항진, 즉 지금의 평택항을 통해 당나라로 여행한 것으로 알려졌으나 청해진 등을 이용했을 것이라는 주장도 있다. 평택시는 입중구법승들의 당항진 출발설을 기정사실로 하고 2009년에 혜초의 기념비를 평택항에 세워 지방화 시대의 관광 매력으로 활용하고 있다.

더불어 신라 승려 아리나발마는 불교의 원류를 따라 중국에 들어가지만 결국 천축까지 이르게 된다. 일연은 이런 사실을 의정의 『대당서역구법고승전』을 인용해 『삼국유사』에 기록하였다. 『대당서역구법고승전』은 인도까지 구법 여행을 한 승려들의 전기를 실은 것인데, 아리나발마를 포함해 모두 61인이 실려 있으며 여기에 동국인, 곧 신라인이 9명*주이나 등장한다. 고려 승려 각훈의 『해동고승전』에는 의정의 『대당서역구법고승전』에 없는 현조와 현대범이란 이름이 추가로 등장하고 있다.*52 이들 이외에 6세기 고구려의 의연과 지황, 백제의 겸익과 현광, 7세기 신라의 두 승려 그리고 고구려의 현유 등이 구법을 위해 인도를 여행한 기록이 있다.*53

삼국시대 사신들의 기록

『삼국사기』에 의하면 고구려 대무신왕 15년인 서기 32년에 후한으로 사신을 보내어 조공을 바치니 후한의 광무제光武帝가 왕호를 회복시켜 주었다는 기록이 있다. 이러한 관계는 백제와 신라도 마찬가지였다. 그러나 삼국 초기의 대 중국 관계는 양국의 체면을 고려한 인사치레에 불과하여 적

---

*주 아리나발마(阿離那跋摩), 무루(無漏), 지장(地藏), 율장(律藏), 의상(義相), 무상(無相), 도의(道義), 원측(圓測), 혜각(惠覺).

극적인 문물文物교환을 통해 보다 많은 선진 문물을 수용하려는 노력을 기울였다. 이에 따라 조공사朝貢使를 자주 보내어 필요한 재물을 수입하는 방편으로 활용되기도 하였다.*54

고구려가 243년 전연前燕에 대하여 스스로 신하라稱臣 하면서 전형적인 조공이 이루어진 후 고구려·백제·신라는 중국 남북조南北朝의 동진·송·남제·양·진·수 등과 300여 회 이상의 사절 왕래와 교환이 있었다. 이후 714년과 716년에는 하정사賀正使로 당나라에 들어간 사신들이 당의 관직을 받기도 하였다. 이 시기에 당과의 문화 교류는 매우 빈번하고 유학생의 수도 상당하여, 840년에는 105명의 학생과 질자質子*주가 일시에 귀국했다는 기록이 있다.*55

고려와 송나라의 관계도 신라와 당나라의 관계의 연장에 다름이 아니었다. 그러나 이러한 상황이 요遼, 금金, 원대元代에는 의례적인 상호 관계에서 압제에 의한 지배성이 강한 종속적인 성격으로 변질되었다.*56

이처럼 고구려, 신라, 백제의 삼국시대에 당나라로 정기적으로 보낸 사신은 연례 조공사와 연초에 보낸 신년 하례

---

*주 볼모의 다른 표현으로 항복이나 우호 관계를 보장하기 위해 사람을 볼모로 하던 일로 유질(留質)·인질(人質)이라고도 한다.

사가 있다. 618년 당나라가 중국을 통일한 이후 삼국에서는 모두 사신을 보냈는데, 고구려는 619년 2월, 신라는 621년 7월, 백제는 621년 10월에 각각 당나라에 처음으로 사신을 파견하였다. 삼국이 중국 왕조에 대해 사신을 파견한 것이 문헌상에는 일반적으로 입조入朝: 외교문서 전달 등의 정치적 임무·조공朝貢: 예물을 바치는 임무·견사遣使: 국상 등의 조문 등으로 기록되어 있는데 이것이 제도화된 것도 남북조시대다.*57

파견의 목적은 의례적인 것뿐만 아니라, 진공進貢과 회사回賜라는 물물 교환을 통한 무역적인 측면도 있었다. 그러나 7세기 초기와 중엽의 당나라에 대한 사신 파견은 삼국 간의 급박한 역학관계 속에서 당나라의 지원을 얻어 보려는 정치적 측면이 중요하게 작용한 것으로 보인다. 고구려가 영류왕 2년에 당나라에 사신을 보내 조공한 것도 고구려와 적대관계에 있던 수나라를 대신하여 새로운 통일 왕조인 당이 건국되자 대당 화해정책을 모색하려는 고구려의 정책에서 비롯된 것이라 할 수 있다.*58

태종무열왕 김춘추의 대당 외교에서는 이러한 측면이 더욱더 두드러진다. 648년 이찬*주 김춘추와 그의 아들 문왕을 보내 당에 입조한 것과 650년 김춘추의 아들 법민을 보

*주 신라시대 17관등 중 두 번째로 높은 직책.

내 당나라 군주의 위업을 찬양한 오언시 「태평송」을 당 고종에게 바치게 한 것은 신라의 자구책 성격이 강하다. 또한 혜공왕 시대에는 신라의 사신이 빈번히 당에 파견되었는데 이는 혜공왕파가 그들의 정권 회복을 위해 당을 정치적으로 이용하고자 했기 때문이다. 태종 무열왕은 660년에 백제를 치기 위해 김인문을 사신으로 당나라에 파견하기도 하였다.*59 고구려, 신라, 백제의 당나라에 대한 사신 파견은 정치·경제·문화적인 측면을 모두 포함하여 진행된 것이며 이를 통해 삼국의 많은 사람이 당나라를 드나들게 되었다.*60

한·중·일 해상 무역 네트워크의 중심

9세기 신라 사람들은 중국 산동반도의 등주, 양자강 하구의 장안과 낙양을 연결하는 대운하에 가까이 있는 대도시 양주와 광주 등의 상업 요지에 신라방을 건설하였다. 이 과정에서 신라가 국제무역국가로 부상하게 되며 이를 주도한 인물이 바로 장보고다. 장보고는 중국 내 경제 요충지에 자리 잡고 있던 신라 사람들을 체계적으로 묶어 내는 탁월한 능력을 발휘했다.

완도에서 태어난 것으로 알려진 장보고는 어릴 때부터 활쏘기에 능해 궁복 또는 궁파라고 불렸다. 장보고는 20대 후반에 강소성 서주로 건너간다. 그는 이때 당나라에 거주하던 신라, 백제, 고구려 유민들을 규합해 무역업을 시작하면서 유민과 유학승들을 위해 산동성 적산에 법화원을 세워 안식처로 삼는 한편 당나라에서 자치 집단을 이루고 있던 신라방과 신라촌의 총수로도 활약했다.

이 당시 한·중·일 각각의 국내 사정에 따라 조공무역, 즉 공무역이 쇠퇴하게 되면서 사무역이 성행하게 되었다. 828년에 신라로 귀국한 장보고는 흥덕왕의 배려로 청해진을 건설하고 청해진대사로 활동한다. 장보고는 청해진을 중심으로 그 당시 창궐하던 해적과 노예상들을 소탕한 후 신라·당·일본을 연결하는 해상무역네트워크를 구축했다.(삼국사기 장보고전) 이로써 장보고는 재당 신라인은 물론 황해의 해상세력을 장악함으로써 신라·당·일본 간의 동아시아 국제무역의 패권을 쥘 수가 있었다. 당시 일본의 선박 수준은 신라보다 뒤처져 있었다. 『속일본후기續日本後記』에는 배를 만들 때 신라 배를 본떠서 만들라는 내용이 있을 정도였다. 이처럼 신라인들은 뛰어난 항해 능력을 바탕으로 한반도와 일본, 중국을 잇는 해양 네트워크를 구축하고 있었다.

이러한 장보고가 중심이 된 신라 해양네트워크의 혜택을 받은 대표적 인물이 일본 천태종의 창시자 사이초이다. 또한 『입당구법순례행기』를 지은 그의 제자 엔닌도 당나라 유학과 일본으로 귀국하기까지 도움을 받았다.*61 엔닌은 당나라 유학 9년 반 중에 2년 반을 신라인들의 도량인 적산법화원에서 지냈었다. 이후 귀국할 때 장보고의 도움으로 많은 법문을 가지고 간 것을 기려 그를 불법의 수호신인 '신라명신'으로 모시게 된다. 엔닌의 제자들 역시 스승의 유지를 받들어 일본에 적산선원을 세우고 장보고를 적산대명신으로 모셨다고 한다.*62

일본에서 신격화된 우리 선조들

고대 일본에 대한 여행 기록은 흔치 않으나 다만 일본에 정착한 우리 선조에 대한 기록이 『일본서기와 『속일본기』에 남아 있다. 대표적으로 일본 도쿄에서 50km 떨어진 사이타마현 이루마군의 '고마군'高麗鄕에는 고구려의 유민들이 세운 고려신사가 있다. 일본에서는 고구려를 흔히 고려라고 부른다. 모셔진 제신으로는 유민들의 지도자였던 고구려왕 약광을 비롯하여 천손이 강림할 때 길을 안내하였다는 신인 '사루타히코노미코토' 그리고 신라를 정벌하였다는 전설상의 인물 진구왕후가 신라로 진출할 때 영혼의 매개자 역할을 하였다는 신하 '다케우치노스쿠네'를 모시고 있다.

과거 여기에 정착한 고구려 유민들은 약광이 죽은 다음 그의 덕을 기리기 위하여 이처럼 사당을 세우고 그를 '고려명신'이라 하였으며, 뒷날 약광과 두 명의 일본 신들을 합쳐서 '고려대명신'이라고 부르게 되었다. 『속일본기』에 따르면 715년 5월 관동지역에 산재하여 있던 고구려 이주민 1,799명을 무사시노로 이주시켜 고마군을 설치한 것으로 되어 있어 이 신사가 고구려 이주민들이 세운 것임을 증명하고 있다.*63

약광의 이름이 처음 등장하는 것은 666년으로 보장왕이 왜에 파견한 사신단의 부사 자격으로 일본을 방문했다는 기록이다. 그러나 약광은 668년에 고구려가 나·당 연합군에 의해 패망하면서 귀국할 기회를 잃게 된다. 『속일본기』에 의하면 일본 조정은 그에게 종5위품의 관직을 내렸으며, 703년에는 문무천황으로부터 고려왕의 시호를 받았다는 기록이 있다. 그러나 한국 측 사서에는 이런 사실이 전혀 전해지지 않고 있다.

약광은 1,799명의 고구려 유민들과 함께 716년 사이타마현 남부에 고구려 도시 '고마군'을 건설한 후 748년 세상을 뜬다. 일본의 위성족적 연구가 나카노 후지오 박사는 일본에 머물던 기존의 고구려 유민들과 약광의 이동 경로를 추적해 이들이 가나가와현 오이소 해변에 도착했다는 것을 밝혀냈다. 이들은 이후 정착촌을 건설하였으며 지금도 사이타마현의 작은 도시 '고마군'이라는 이름으로 여전히 존재하고 있다. 이곳에는 고구려 역, 고구려 택시, 고구려 신사도 있다.*64

『일본서기』에 666년 고구려의 태대형 현무약광이 야마토 정권에 사신으로 왔다는 기록이 있고, 『속일본기』에는 일본이 약광에게 고려 왕씨를 하사했다는 기록이 있다. 다만 『일본서기』의 현무약광과 『속일본기』의 고려 약광이 같은 사람인지는 아직 밝혀지지 않고 있다. 그러나 약광과 함께 정착했다는 고구려 유민들의 숫자가 1,799명이라는 기록과 고구려 멸망 후 일본에 흩어져 살던 1,799명의 유민을 규합하여 '고마군'을 형성했다는 기록만으로도 약광이 고구려 왕족이었다는 사실을 뒷받침하는 데 부족함이 없다고 본다.*65

이 밖에 일본에서 신격화된 우리 조상들의 흔적으로는

긴키지방의 백제왕과 그들의 일족을 기리는 백제왕의 신사가 있으며 신라명신 장보고와 연오랑과 세오녀의 경우도 있다.

한편 임진왜란 때 수많은 조선 도공들이 일본으로 끌려갔다. 이런 대규모 납치를 이유로 침략 목적이 도자기 때문이었다고 할 정도이다. 도공들은 예상과는 달리 비참한 모습으로 끌려간 것은 아니었다고 한다. 일본 입장에서는 그들을 최고 기술자로 대우하여 귀족 계층에 해당하는 사무라이 신분을 부여하는 등 나름의 대우와 보호가 있었다. 이것이 이들과 이들의 후손이 고유한 문화를 유지하게 된 이유가 되었다. 그리고 조선과의 무역 등에서 통역의 역할도 고려한 주도면밀한 배려이기도 했다.

그때 끌려간 도공 중 하나가 도자기의 원조라는 뜻의 '도

초대 도조 아고 이삼평 신사와 설명판, 임용묵 촬영.

조 아고'인데 사가현 아리타에서 도자기를 대대로 해 왔기 때문에 붙여진 이름이다. 초대 도조 아고인 이삼평은 신사의 신이 되었으며 일본의 많은 도자기 중 다섯 손가락으로 꼽히는 유명한 가마로 알려졌다.

문익점의 목화씨 밀반입설?

고려 말의 학자이자 관료였던 문익점은 1328년 지금의 산청군 배양마을에서 태어났다. 23세 때 원나라가 고려에 설치한 정동성 향시에 급제하였으며 33세 때는 신경동 당시에 급제하였다. 그는 이 급제로 김해부의 사록으로 임명된 후 성균관 순유박사를 거쳐 사간원의 좌정언까지 승승장구하였다.

기황후의 남편인 원나라 순제는 공민왕이 국권회복정책을 추진하고 고려 정권 내 친원파 숙청을 단행하자 이를 빌미로 26대 충선왕의 셋째 아들인 덕흥군을 고려왕으로 책봉했다. 이에 공민왕은 1363년에 원나라에 사절단을 파견하여 이를 수습하고자 하였다. 이때 좌정언으로 재직 중이던 문익점은 문하좌시중 이공수의 서장관으로 발탁되어 원나라 여행에 동참하게 되었는데 귀환하면서 목화씨를 가지

고 들어왔다.*66

문익점의 목화씨 반입에 관해서는 『고려사』와 『태조실록』 그리고 문익점의 시문과 실기를 모은 책인 『삼우당실기』의 기록이 다르다. 문익점 문중 후손이 집필한 『삼우당실기』는 한꺼번에 편집된 것이 아니고 1464년 문치창의 「사실본기(事實本記)」, 박사휘의 「행적기(行蹟記)」, 문영광의 「공행록(功行錄)」 등을 1819년 문익점의 후손인 문계항 등이 편집·간행한 것이기 때문에 내용은 같으나 오류가 많다. 다른 기록인 『고려사』와 『태조실록』에는 1364년 문익점이 원나라에서 돌아오면서 목면 종자를 가지고 들어왔다고 기록하고 있다.

그러나 『삼우당실기』에서는 원나라 황제와 덕흥군의 회유와 압력을 물리치고 불사이군不事二君을 주장하던 문익점이 중국 남방인 교지, 즉 현재의 운남 지방으로 귀양을 간다. 그리고 거기서 3년간 귀양살이를 하다가 원나라의 수도로 돌아오는 길에 목화씨를 구해서 1367년에 귀국한 것으로 되어 있다. 그러나 다만 우리가 통설로 알고 있는 붓 뚜껑 속에 목화씨를 숨겨서 돌아왔다는 기록은 그 어느 곳에도 나오지 않는다.

문익점의 목화씨 국내 반입에 관해서는 사실 여부와 함께 반입 경위에 관해서도 논란이 많다. 문익점이 과연 중국의 강남 지방인 운남으로 귀양 간 사실이 있었는지와 당시 원나라가 면화씨 반출을 금하고 있었느냐의 여부가 그것이다. 목화씨 반입에 관해서도 주머니 반입 설과 상투 속 반입 설 등이 혼선을 빚고 있다.

이렇게 서장관으로 원나라를 여행했던 문익점은 목화씨를 가지고 귀국하지만 원나라에서의 행적을 이유로 파직을 당한다. 파직을 당한 후 장인 정천익과 함께 목화 재배에 성공하고 목화가 백성들의 삶에 기여한 공로를 인정받아 10년 만에 공신으로 조정에 복귀한다. 목화씨 반입에 관한 여러 가지 논란을 뛰어넘어 목화씨를 정치적으로 활용한 문익점의 능력이 매우 뛰어났음을 보여 주는 대목이다.

사정이 이러하니 목화씨 반입에 관해서는 『고려사』와 『태조실록』 등의 정사, 이덕무 등의 연행기에 기록된 일종의 에피소드 그리고 문익점의 문중 후손이 집필한 『삼우당실기』 등의 내용이 제 각각 다를 수밖에 없다.

화냥년과 황후로 엇갈린 공녀들

우리 역사에서 여성들의 국외 여행 기록을 찾아보기는 쉽지 않다. 굳이 사례를 찾아본다면 원나라와 조선 시대 여성들이 주로 전쟁포로, 공출 그리고 정략결혼 등의 형태로 여행 아닌 여행을 한 경우를 들 수 있겠다. 『고려사』에 따르면 원나라 간섭기 80년 동안 처녀 공출 사신이 50여 차례나 고려에 와서 매번 150여 명의 고려 여인들을 징발해 갔다고 한다. 그리고 수시로 뽑아 간 여인들 역시 그 수를 헤아릴 수가 없었다고 전한다. 원나라에 끌려간 공녀들은 황궁의 궁인이나 시녀가 되었으며 이들은 이역만리 타국의 궁궐에서 산송장처럼 살다 생을 마감하거나 성 노리개로 전락하기 일쑤였다.

당시 고려 백성들은 원나라 사신이 오면 딸을 숨기거나, 비구니를 만들거나, 어린 나이로 시집을 보내 공녀 사냥에서 벗어나려 했다. 하지만 이를 피하지 못하고 선발된 공녀들은 당시의 서울인 개성에서 출발하여 평양, 안주를 거쳐 의주에 이르는 두 달 이상의 긴 여행길에 올랐다. 또한 포로와 공출 등으로 원나라와 청나라에 잡혀간 여자들이 속환*주 등으로 고향에 돌아오게 되자 이들을 '환향녀'라고 불렀다. 이 환향녀들은 절개를 지키지 못한 여자라고 여겨 정조관념이 없는 여자들을 이후 '화냥년'이라고 통칭하게 된다.

원나라와 고려 간의 인적 교류는 혼인을 통해서도 이루어졌다. 원나라는 그 세력이 확대되면서 고려와의 통혼을 요구했는데 원나라 세조인 쿠빌라이의 딸을 비롯해 모두 여덟 명의 황실 딸들을 고려왕의 왕후로 삼게 했다. 반면 황제를 비롯한 원나라 사람들은 유목생활로 거칠어진 몽골 여인보다는 예의 바르고 단정한 고려 여인을 좋아했다. 이에 따라 원나라 말기 궁중의 시녀는 대부분 고려 여인으로 채워졌으며 심지어는 지방 관리들까지도 고려 여인을 처첩으로 거느리는 등 고려인을 처첩으로 두지 못하면 명문 귀족 행세를 할 수 없을 정도였다. 당시 원나라에는 기황후를 비롯한 고려 여인들로 인해 이른바 고려풍 또는 고려양이라고 불리는 고려 음식과 복식이 유행하기까지 했다.

청나라 역시 황제의 시녀와 여진 남자들의 결혼상대로 조선의 처녀 공출을 여러 차례 지시했다. 조선은 이에 대해

---

*주 1627년의 정묘호란과 1636년의 병자호란 때 후금 또는 청나라에 잡혀간 조선인 포로의 송환에 따른 대가를 말한다. 속환은 국가에서 몸값을 치러 주는 공속(公贖)과 가족들이 개별적으로 치르는 사속(私贖)이 있었다. 왕족이나 참전 군인들은 공속으로 하였고, 일반인들은 사속으로 속환하였다. 정묘호란 후에는 개시(開市)가 열리던 의주나 중강(中江)에서 행하였고, 병자호란 후에는 청의 수도 심양(瀋陽)에서 행하였는데, 조선 정부에서는 이를 위해 속환사(贖還使)라는 특별 사신을 보내기도 하였다. 심양 교외에 속환인들의 주인과 가족이 모여 속환시(贖還市)를 열고 몸값을 흥정하였으나, 그 값이 지나치게 상승하여 성사되기가 쉽지 않았다. 병자호란 후 3차에 걸쳐 이루어진 대규모 속환에서 실제로 성사되어 돌아온 사람은 2,000여 명도 되지 않았다. (한국민족문화대백과사전 1991)

여자 노비, 기생, 주모, 관노 등을 뽑아 여염집 여인인 양 가장하여 청나라로 보냈다. 공출 여인들을 청나라로 인솔해 온 조선 대표에게는 여인 접수 확인증이 필요했지만 청나라 조정은 공녀들이 마음에 들지 않는다는 이유로 확인증을 해 주기는커녕 이런 여인들 대신 사대부들의 딸을 뽑아 보내라고 닦달하였다. 어쩔 수 없이 조선의 사대부들은 첩의 딸과 양녀들을 보내기도 하였다. 청의 이런 요구가 계속되자 처녀를 구하지 못한 조선 조정은 관기, 기생, 천인들을 보냈다. 하지만 보낸 처녀들을 인정해 주지 않자 나중에는 포도청에서 생사람을 잡아 공출하게 되었다. 처녀들은 이런 공출을 피하기 위해 머리를 깎거나 얼굴에 상처를 내는 등의 자해를 하기도 했으며 백성들 사이에는 이런 어처구니없는 일을 피해 가기 위해 조혼의 풍습이 생겼다.*67

고려 말에 원나라로 끌려갔던 많은 공녀들 중에는 원나라 순제의 정식 부인이 된 기황후가 대표적 인물이다. 1333년에 즉위한 순제는 그의 숙모 보타시리를 태황태후로 봉하고 그녀를 위해 휘정원을 설치했다. 이곳의 고려인 환관 투만아르는 고려인 궁녀 기씨를 천거하여 순제를 시중들게 했다. 이후 우여곡절 끝에 순제의 최측근으로서 권력을 휘두르던 바얀을 축출하는 데 이바지한 궁녀 기씨는 순제의 제2 황후로 책봉된다.

이후 기황후는 막강한 권력을 배경으로 충혜왕 폐위 등 고려의 인사에 깊이 개입했다. 당시 원의 귀족과 고위 관리 가운데 고려 왕실이나 그 가족과 인척 관계를 맺은 이가 많고 궁중에는 고려인 환관이 다수여서 기황후가 세력을 확대하기에 좋은 환경이었다.*68

이런 원나라에 빌붙어 권세를 휘두르는 기씨 집안 제거를 위해 고려의 정치도감은 숙청에 나섰는데 기황후의 친동생 기주와 기삼만이 그 대상이었다. 그러나 조일신의 난을 평정한 기씨 가문이 다시 권력을 장악하면서 위세는 더욱 등등해졌다. 이후 기씨를 중심으로 기씨 왕조까지도 획책한 부원 세력과 고려 왕실과는 끊임없는 권력 투쟁으로 갈등을 겪게 된다. 하지만 기씨 일가는 공민왕과의 권력다툼에서 밀려 결국 참수되거나 귀양을 가게 된다.

이러한 기황후에 관해서는 한 방송사가 드라마를 제작 방영해 유명해지기도 했다. 기황후는 죽은 후 원나라에 묻히지 않고 고향으로 돌아오길 원했다고 한다. 그러나 기황후에 의한 충혜왕의 죽음, 공민왕의 기씨 가문 도륙, 공민왕 폐위를 목적으로 한 기황후의 파병 등 고려와 벌인 일련의 권력투쟁으로 인해 기황후의 국내 복귀는 불가능했을 것으로 보인다.

그러나 기황후의 고향으로 알려진 경기도 연천군 연천읍 상리에 원나라 양식의 석양과 석인들이 있는 무덤이 발견되어 이것이 그녀의 무덤이라는 주장이 제기되고 있다. 이곳에는 기황후의 후손들일지도 모르는 기씨들이 집성촌을 이루어 살고 있다. 『동국여지승람』에는 이곳에 기황후 묘와 석인, 석양, 석물이 있다고 기록되어 있다. 그렇지만 사실의 뒷받침이 없어 기황후의 묘터로 주장되고 있는 묘지석에는 '전傳'자가 붙어 있다. 여기서 '전'자의 의미는 '~카더라'는 뜻이다.*69 향토문화재로 지정된 석양 셋과 기존에 발굴한 석인들의 재질과 양식은 모두 원나라 형태인데 지금은 모두 연천문화원에 옮겨져 보관되어 있다.*70

전쟁포로들의 수난 기록

우리나라 사람이 전쟁포로로 외국으로 끌려간 역사는 삼국 시대부터 있었다.*71 고구려가 망한 뒤 당나라는 고구려 왕족과 장군 등을 포함하여 20만 명을 당나라로 끌고 갔으며 고구려 유민들을 당나라 곳곳에 강제로 이주시켰다. 그리고 조선 시대에는 임진왜란과 병자호란으로 일본과 청나

라로 각각 끌려가 모진 삶을 영위해야만 했다.[*72]

심하전쟁 종사관 이민환이 1620년 7월에 귀환할 때까지를 매일 기록한 종군과 포로수용소 일기인 『책중일록柵中日錄』이 있다. 이 기록은 압록강을 건너 심하까지의 배고픈 행군, 조선인 포로의 압송과 학살, 허투알라와 자편성에서 겪은 수용소 생활 등의 기록을 통해 조선인 포로들의 실상을 적나라하게 전하고 있다.

광해군 10년인 1618년에 명나라는 후금을 치기 위해 대규모의 원정군을 일으키면서 조선에 1만여 명의 지원군 징발을 요구하였다. 임진왜란 때 명나라의 도움을 받은 조선은 그들의 요청을 거부할 수 없어 도원수 강홍립을 필두로 1만3천 명의 군사를 출정시켜 한겨울인 2월, 압록강을 건너 후금의 심하深河지역으로 진격시켰다.

이민환은 도원수의 종사관으로 이 전쟁에 종군하였다. 이민환은 군량이 지급되지 않아 사나흘씩 굶으며 행군할 수밖에 없었던 열악한 환경, 군량을 기다리기 위해 행군을 늦추려 했으나 명나라 제독 유정의 독촉에 어쩔 수 없이 끌려가는 안타까운 상황 등을 적나라하게 묘사하고 있다. 조선군은 추위와 군량을 제대로 보급 받지 못하는 고생 끝에 3월 2일 심하에 도착했다. 여기서 조선군은 소규모 후금군과 접전하여 손쉽게 적을 제압하였다. 그러나 3월 4일 명나라 군대의 뒤를 따라 부차富車 들판에 도착한 후, 후금 기병의 습격을 받아 순식간에 무너졌다. 7천 여 명의 장졸이 도륙되고, 강홍립·이민환 등 5천여 명은 포로로 잡혀 후금의 수도 노성奴城 허투알라로 압송되었다.

그해 7월에 누르하치는 후금의 수도를 자편성者片城으로 옮겼고, 조선군 포로도 그곳으로 이송했다. 이민환 등은 자편성의 목책木柵 속에 갇혀 온갖 고초를 겪었다. 『책중일록』도 여기서 유래한 것이다. 1620년 5월에 조선과 후금의 강화가 진척되면서 7월 4일 조선 포로 열 명의 귀환이 허용되었는데 이민환도 여기에 포함되었다.*73

이민환 등이 생환할 수 있었던 것은 광해군의 실리외교 덕분이었다. 누르하치는 여러 번 조선에 사람을 보내 동맹을 맺어 명나라에 대항하자고 요구했다. 그러나 조선은 사신도 보내지 않고 회신도 하지 않았다. 두 달 만에 광해군은 "후금의 국서에 회답하려 하지만, 명나라 관원들이 압록강을 순시하기 때문에 국서를 보내기가 어렵다"고 핑계를 댄 뒤, "두 나라는 전부터 원수진 것이 없으니 서로 화친하는 것이 좋겠다. 근래 조선에 투항해 온 여진족을 받아들이지 않고 함께 돌려보낸다"는 전갈을 보냈다. 누르하치는 크

게 기뻐하며 이민환을 포함해 열 명을 돌려보냈다.[*74]

우리의 선조들은 17세기 정묘호란과 병자호란을 겪으면서 청나라로 가장 많이 끌려갔다. 병자호란 때만 최소 60만 명 이상이 청나라로 끌려가 노예로 팔려 나갔다고 한다.[*75] 병자호란은 청나라 태종이 명나라를 치기 위한 인력을 확보하기 위한 전쟁이기도 하였다. 실제로 청나라로 팔려 간 조선 백성들은 청과 명나라의 전투, 농사, 토목사업 등에 투입되었다.[*76]

청나라로 끌려간 조선의 포로들은 군인의 소유가 확실한 자는 자기 집으로 데려갔고 국가 소유의 포로는 노예시장에 넘겨졌다. 이미 노예가 된 조선의 포로들은 매매나 속환의 대상이 되었다.[*77]

노예 시장에 나온 노예를 사려는 사람들은 노예의 성별을 불문하고 건강상태부터 보았다. 옷을 모두 벗게 한 후 앞뒤와 피부를 살폈다. 벌거벗긴 채로 앉아 일어서기를 반복시키고 발바닥과 치아도 살펴보았다. 마치 지금의 우시장에서 소를 살 때의 모습이나 미국 영화 '뿌리Root'에서 노예상인이 아프리카 노예를 매매하던 모습을 연상시키는 장면들이다. 여자 포로를 사서 성노예나 노비로 삼으려는 사람은 여자의 가슴, 성기, 체모까지도 살폈다.

포로 속환은 대부분 처량하기 그지없었으나 전화위복이 된 사례도 있었다. 포로로 잡혀 온 이말간과 그의 딸이 황제부의 눈에 띄어 황제의 시녀가 되자 이말간에게는 말과 식량이 하사되었고 조선으로 돌아온 이말간은 하루아침에 귀빈이 되었다.

속환으로 돌아온 환향녀들을 가족으로 복귀시킬지의 여부를 놓고 조정은 격렬한 논쟁을 벌였다. 대체로 유교 이념에 입각한 논리가 우세하긴 했지만 대책을 내놓지 못하고 우왕좌왕하였다. 결국 조선으로 돌아오는 입구의 개울에서 목욕하면 환향녀의 부정이 씻어진다는 한심하기 짝이 없는 처방을 내놓았다. 그때 환향녀를 널리 구제한다는 의미의 넓을 홍弘자와 건널 제濟자를 합하여 개울 이름을 홍제원弘濟院이라고 했는데 이것이 바로 지금 홍제동의 유래다.

두 왕자의 인질 생활을 담은 일기

소현세자는 1637년 정월에 인조가 삼전도에서 청에 항복하면서 인질이 되어 봉림대군과 함께 당시 청의 수도였던 심양으로 끌려가게 된다. 47일간 남한산성에서 소현세자와 생사고락을 함께했던 인조는 청의 볼모를 자청한 소현세자가 떠나던 날 경기도 고양의 서오릉까지 나가 세자를 배웅했을 정도로 소현세자를 애틋해 했다. 소현세자 일행은 2월에 출발하여 4월 심양에 도착한 뒤 심양관에 머물렀다. 일행은 소현세자 부부 외에 동생인 봉림대군 부부와 시강원 관리를 중심으로 한 신하 등을 비롯해 수행한 종들까지 모두 3백 명이 넘었다.

60여 일 만에 심양에 도착한 소현세자에게 청나라는 황제가 있는 곳이라며 가마에서 내리라는 수모를 주었다. 인질 일행을 수용하기 위해 청이 새로 건립한 심양관에서 8년을 머물면서 소현세자는 청 태종이 요구하는 모든 행사에 불려다녀야 했다, 소현세자와 봉림대군의 이러한 청나라 볼모 생활은 『심양일기瀋陽日記』와 『심양장계瀋陽狀啟』를 통해 낱낱이 인조에게 전달되었다. 『심양일기』는 날짜순으로 날씨, 동정, 본국과의 연락, 수행한 신하들의 사정 등 소현세자 일행이 청에 거주하면서 겪은 갖가지 일들을 기록하였다.[*78] 다음은 『심양일기』의 일부다.[*79]

1637년 5월 17일

피로인의 매매를 허락하니 청나라 사람들이 남녀 포로들을 성문 밖에 모아놓았다. 그 수가 수만이나 되는데 혹은 모자가 상봉

하고 혹은 형제가 서로 만나 부여잡고 울부짖으니 곡소리가 천지를 진동하였다.

1637년 7월 21일
호피와 자음소 두 박사가 그 황제의 명으로 몽서 2권을 가지고 와서 세자와 대군에게 배우기를 청하였다. 세자가 말하였다. "황제께서 가르쳐 주려 하시는 뜻에는 참으로 감격하였습니다. 다만 말과 소리가 통하지 않아 갑자기 배워 익힐 수 없으니 먼저 연소한 종관에게 가르친다면 나도 점차 해득하게 될 것이오." 박사가 말하였다. "우리는 다만 가서 가르치라는 명을 받들었을 뿐입니다. 마땅히 박로로 하여금 그러한 뜻을 예부에 가서 알리게 하십시오." 박로가 가서 그렇게 말하니 예부에서 다시 몽서를 가져갔다.

청은 심양관을 조선 정부를 대리하는 대사관쯤으로 간주하고 조선에 대한 외교 현안을 소현세자와 논의하여 처리하고자 하였다. 그렇지만 세자에게 주어진 재량권이 거의 없었기 때문에 소현세자는 대부분의 외교 현안을 『심양장계』를 통해 처리하는 한편 이 과정에서 조선의 국익을 극대화하기 위해 노력했다.

소현세자의 부인 강빈은 무역활동으로 늘린 재물을 이용해 수백 명의 압류된 조선인을 귀환시켰다. 소현세자 또한 축적된 심양관의 재력을 바탕으로 청의 조정에 인맥을 쌓는 정치력을 발휘하기도 하였다. 세자 부부가 병자호란 때 청에 끌려간 조선인들을 동원하여 농사를 지은 곡식으로 무역하느라 관소의 문이 마치 시장 같았다고 한다.

당시 소현세자와 봉림대군은 그곳에서 만난 청나라 사람들의 관습, 혼례, 무덤 양식 등이 조선의 그것과 매우 흡사함을 보고 많이 놀라게 된다. 같은 퉁구스 어족 계통의 여진족은 백두산을 민족 발원지로 하는 것과 백두산 일대에서 우리 조상들과 섞여 살았기 때문에 같은 민족으로 여겨지기도 한다.*80

1644년 명나라가 멸망하자 소현세자 일행은 심양을 떠나 연경으로 거처를 옮기게 된다. 연경에서 소현세자는 독일출신 예수회 선교사이자 국립천문관인 흠천감의 책임자로 일하고 있던 아담 샬과 친분을 맺게 된다. 천문서적·과학서적·천구의 등 아담 샬에게 받은 선물을 가지고 귀국한 소현세자는 서구 문명의 수용에도 매우 적극적이었다.

이처럼 인조 재위 당시 조선에 다녀간 청나라 사신의 횟수가 천여 번에 이르고 조선에서 청으로 보낸 사신의 횟수도 8백여 회에 달할 정도로 양국 간의 교류는 그 어느 때보다 활발하였다. 소현세자도 청나라 인질 8년 동안 두 차례에 걸쳐 조선으로 돌아와 한 달 남짓 머물다 돌아가기도 하였다.*81

표류가 외교로

『표해록漂海錄』은 지방 관리인 최부가 제주 해상에서 폭풍우를 만나 오늘날의 강소성과 절강성인 중국의 강남 지방에 표류한 뒤, 돌아와 쓴 표류기이자 견문록이다. 바다에서 16일 그리고 중국에서 조선으로 돌아오기까지의 135일을 기록한 것으로 엔닌의 『입당구법순례행기』나 마르코 폴로의 『동방견문록』과 비견되는 중국 견문록으로 평가되고 있다.*82

최부의 기록은 15세기 당시로서는 매우 상세하고 사실적이어서 특히 중국 대운하에 관한 기록은 중국 내외를 막론하고 단연 으뜸으로 꼽히고 있다. 최부는 운하의 건설 제원에 관해 자세히 기록한 것은 물론 당시의 교통제도인 포鋪, 참站, 역驛에 관해서도 서로 간의 거리와 창고의 유무까지를 자세히 기록하고 있다.

1487년 11월, 전라도 나주 출신의 최부는 도망 노비를 찾아내는 관직인 추쇄경차관으로 제주도로 파견된다. 병자호란의 굴욕으로 청나라에서 8년간의 인질생활을 한 효종이 북벌을 위한 징병의 수단으로 당시 17만 명으로 추산되던 행방불명 노비들을 색출하기 위해 추쇄도감을 설치한 직후다. 『표해록』은 최부가 경차관 신분으로 제주에 갔다가 고향 전남 나주에서 아버지가 돌아가셨다는 소식을 듣고 급히 배를 빌려 수행원 42명과 함께 떠나면서 시작된다. 부모가 돌아가시면 하던 일을 제쳐 두고 달려간 것은 그때나 지금이나 마찬가지였다. 더욱이 유교를 숭상하던 조선 시대는 어버이와 자식의 도리를 엄격히 지키던 때였다. 그래서 그는 조금이라도 빨리 돌아가신 아버지께 달려가기 위해 나쁜 날씨를 무릅쓰고 배를 띄우게 된다.[*83]

하지만 불운하게도 최부를 비롯한 일행 43명은 제주 앞바다에서 폭풍우를 만나 표류하게 되고 16일 동안 온갖 고비를 넘긴 후 가까스로 중국에 도착하게 된다. 표류 중에는 해적에게 가진 것을 몽땅 털리기도 한다. 중국 땅에 도착하여서는 중국 해안에 자주 출몰하여 노략질을 일삼던 왜구로 오인되어 숱한 고초를 당하였다. 최부 일행은 왜구의 혐의를 벗은 후 항주로 이송되었다. 그가 지나온 항주와 소주 일대는 중국에서 이른바 하늘엔 천국, 강남엔 소주와 항주라고 불리던 지역으로 당시 중국에서 경제와 문화가 가장 발달한 중심지였다.

강남을 둘러본 조선인이 거의 없던 시절 최부는 뜻하지 않은 표류로 인해 견문의 기회를 얻게 되었다. 그는 6개월 동안 대운하의 전 구간을 거슬러 오르며 만 리에 걸친 길을 배로 편안히 여행을 즐길 수 있다는 사실에 놀라움을 금치 못하였다. 중국 강남 지방은 송나라 이래 중국 문화의 중심지였던 곳으로 명나라 때에도 국제 무역이 활발했던 곳이다.

최부는 대운하와 함께 이러한 국제 무역과 문화 교류도 흥미롭게 소개하고 있다. 당시 조선은 명나라를 요동의 뭍길로만 통행했고 해상 왕래는 금지하고 있을 때였다. 신라와 고려가 활발하게 왕래하던 바닷길이 조선 시대에 와서 끊어진 꼴이다. 이처럼 14세기 후반 명나라가 실시한 바닷길을 막는 정책으로 동아시아 여러 나라는 서로 오가며 교류하는 데 많은 어려움을 겪고 있었다. 『표해록』은 바로 이런 시대의 국제 상황과 정세를 알 수 있는 귀중한 기록으로 인정받고 있다.*84

최부는 이런 경험을 토대로 135일 동안 겪고 보고 들은 것을 일지 형식으로 정리해 성종에게 보고했다. 이 보고서는 중국에 관한 기록이지만 사신들이 쓴 각종 연행록과 구

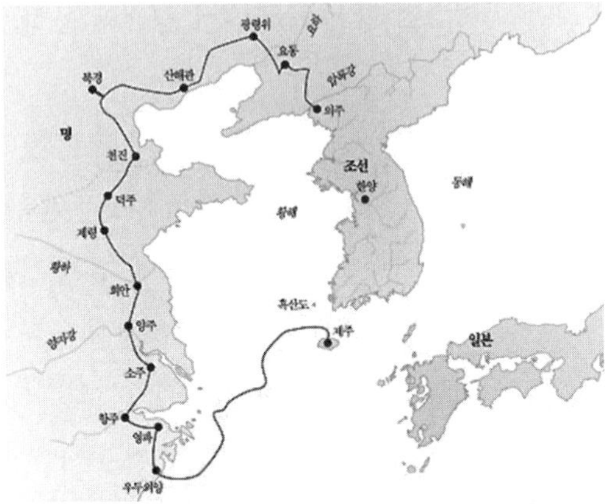

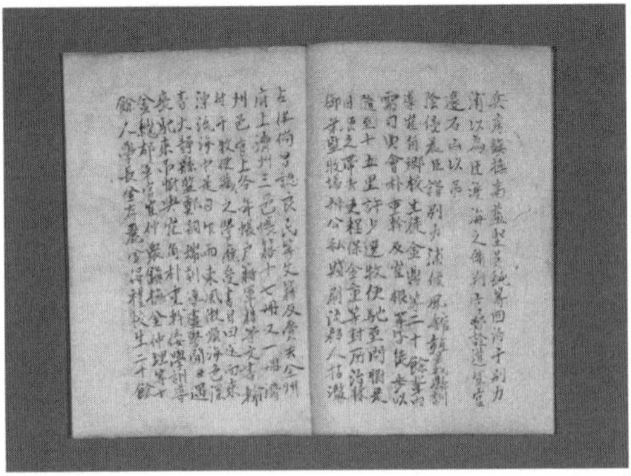

최부의 표해록과 여정, 국립중앙박물관.

별하기 위해 『표해록』이라는 이름을 붙였다.*85 그리고 이런 가치를 먼저 알아본 나라는 일본과 미국이다. 『표해록』은 1488년 조선에서 발간된 후 일본, 미국의 학자들에 의해 먼저 주목을 받았다. 1796년 에도시대 일본에서 『당토행정기唐土行程記』라는 제목으로 출판되면서 국내보다 해외에서 먼저 그 가치를 인정받게 된 것이다. 에도 시대의 일본 지식인들은 최부의 『표해록』을 통해 중국에 관한 지식과 정보를 입수한 것은 물론 조선 지식인들의 중국관을 일본과 비교할 수 있었다.*86

루벤스의 《조선 옷을 입은 남자》와 '안토니오 코레아'

신라시대 이후 당나라 등 중국과 인도 중심으로 이루어져 오던 국외여행은 벨기에 화가 루벤스가 그린 《조선 옷을 입은 남자》가 등장함으로써 새로운 전기를 맞게 된다. 그림 속의 인물은 겉에는 철릭*주을 걸치고 있고 속에는 창옷을 입고 있는 모습이다. 이 밖에 관모를 쓰고 있는 작은 얼굴 모습 등이 전체적으로 조선 사람의 이미지를 보여 주고 있다.*87

바로크 미술의 거장 루벤스에 의해 1617년에 그려졌으며 서양인이 그린 최초의 '한국인 그림'으로 평가되고 있다. 이 그림은 1983년 영국 크리스티 경매에서 소묘 낙찰가로서는

*주 天翼: 몽골로부터 고려로 전래된 관복의 하나로 고려 중기부터 조선말까지 전쟁 등 비상 때나 사냥 · 사신으로 나갈 때 왕 이하 하배(下輩)들까지 입었던 옷이다.

최고가인 32만4천 파운드, 즉 당시 환율로 우리 돈 약 3억 8천만 원에 낙찰되어 미술계와 역사학계의 큰 주목을 받았다. 현재 이 작품은 미국 로스앤젤레스의 〈폴 게티 미술관〉에 소장되어 있다.

이처럼 엄청난 금액의 경매로 알려지기 시작한 이 그림은 이후 국내외에서 작품 속의 인물이 누구인지, 어떻게 유럽까지 가게 되었는지 등에 관한 다양한 추측이 제기되어 왔다. 서양에 한반도를 처음 소개한 사람들은 13세기에 원나라를 방문했던 가톨릭 수도사 카르피니와 루브룩이었고 조선을 유럽에 처음 알린 계기는 1668년에 암스테르담에서 출간된 하멜표류기였다. 그러나 루벤스의 《조선 옷을 입은 남자》는 1617년의 작품이니 하멜표류기보다 50여 년을 앞서 조선의 존재를 유럽에 알린 셈이다.

이 같은 루벤스 초상화의 주인공은 이탈리아 상인 프란체스코 카를레티가 쓴 여행기인 『나의 세계여행기My Voyage Around the World』*주에 등장하는 '안토니오 코레아Antonio Corea' 일 가능성이 매우 크다는 추측이 가장 유력하다.*88 안토니오 코레아는 임진왜란 당시 일본에 포로로 잡혀갔다가 카를레티에게 노예로 팔려가 네덜란드를 통해 로마까지 가게 된 최초의 조선인으로 기록되고 있다. 바티칸은 안토니오 코레아를 만주를 통해 한반도로 입국시켜 가톨릭을 선교하려 했으나 좌절되었다고 한다.*89 루벤스는 로마에 머물던 1606년부터 1608년 사이에 그곳에 있었던 조선인 안토니오 코레아를 직접 만나 초상화에 담았을 것이라는 게 역사학계의 중론이다. 그러나 루벤스 그림의 모델은 안토니오 코레아가 아니며 심지어는 중국인이나 몽골인일 것이라는 주장도 일부 학자들에 의해 제기되고 있다.*90

이탈리아 남부도시 알비에는 지금도 '코레아'라는 성을 가진 이탈리아 사람들의 집성촌이 있어 이채롭다. 이탈리아에서 4년을 근무한 적이 있는 필자도 이들을 만날 기회가 여러 차례 있어서 코레아라는 성과 안토니오 코레아와의 관련성에 대해 질문한 적이 있었는데 이들의 대답은 한결같이 '아니다'라는 것이었다. 이들은 코레아라는 성이 아드

---

*주 이탈리아 피렌체 출신의 상인 프란체스코 카를레티(Francesco Carletti)는 1594년 스페인의 세비야를 출발해 8년에 걸쳐 남미의 멕시코, 페루와 일본, 마카오, 말레시아의 말라카(Malacca) 그리고 인도의 고아(Goa) 등을 돌아본 후 『나의 세계여행기』를 저술하였다. 그는 단기간의 노예무역을 위해 항해를 시작하였지만, 결과적으로 8년간의 긴 여행을 하게 되었으며 당시로서는 최초의 민간인 세계 일주 여행자로 평가받고 있다. 카를레티는 유능한 상인이었지만 여행 작가로서는 크게 인정받지 못했다. 그러나 그의 여행기 『나의 세계여행기』에는 저자가 일본 여행 중 사들인 임진왜란 당시의 조선인 포로 안토니오 코레아에 관한 기록이 수록되어 있어 우리에게는 그 의미가 매우 크다. 카를레티의 『나의 세계여행기』는 아직 국내에 번역 출판되지 않았다. (Herbert Weinstock)

리아 해를 건너 그리스로부터 전래한 것이라는 주장을 펴고 있었다. 코레아 성씨가 그리스에도 있는지는 확인하지 못했지만, 이들의 주장을 그대로 인정한다고 해도 코레아라는 성은 이탈리아의 토속 성이 아닌 것만은 분명해 보인다. 만약 그리스에 코레아라는 성이 존재하지 않는다면 코레아의 한반도 전래설을 어느 정도 뒷받침하고 있다고 보아도 되지 않을까?

한편 소설가 오세영은 루벤스의 이 그림과 카를레티 여행기의 안토니오 코레아를 모티브로 해서 소설 『베니스의 개성상인』을 집필하여 큰 인기를 끈 적이 있었다. 그러나 정작 이 그림에 관한 기록은 아직 발견된 것이 전혀 없으므로 소설은 소설가 특유의 영감으로 구성된 허구일 뿐이다.[*91]

『서양사정』을 모티브로 쓴 기록

「한미수호통상조약」이 체결된 후 1883년 7월 미국에 파견된 보빙사의 정사 민영빈의 수행원으로 미국에 유학한 유길준은 갑신정변의 소식을 접하고 원래 계획했던 대학 입학을 포기한 채 1885년 6월 귀국하였다. 그러나 귀국하자마자 포도청에 감금되고 두 달 만에 우포대장 한규설의 집에 유폐된다. 이는 갑신정변 후 청나라가 적극적으로 조선의 내정에 간섭하고 개화파를 탄압하고 있던 상황에서 그의 재능을 아낀 고종과 한규설 등이 그를 보호하고 활용하기 위해 내린 특별한 조치였다. 1887년 가을, 민영익의 배려로 그의 별장으로 옮긴 유길준은 마음의 안정을 찾게 되자 미국 유학 중의 경험을 집필하기 시작하였다.*92 집필 과정에서 그는 각종 외국 서적을 번역하여 저술에 인용하거나 참고하였는데, 특히 후쿠자와 유키치의 서양 소개서인 『서양사정』과 많은 부분 비슷한 것으로 보아 이를 가장 많이 활용했음을 알 수 있다.*93

전 20편으로 이루어진 『서유견문西遊見聞』은 크게 서론, 본론, 결론 그리고 보론으로 구성되어 있다. 서론은 세계의 지리를 기술하고 있으며. 본론은 국제관계와 정치체제, 시민의 권리, 조세, 화폐, 군대, 종교, 학술 등 개혁의 대상이 되는 내용을 상술하고 있다. 결론은 개화의 개념과 그 방법론을 논하고 있으며 마지막 보론이 서양의 풍물을 소개하는 기행문이다. 혼례, 장례, 의복, 음식, 오락, 병원, 교도소, 박람회, 증기차 등과 서양 대도시의 모습을 묘사하면서 후쿠자와의 『서양사정』을 그대로 옮기고 있다. 그리고 세계의 산·강·바다의 높이나 깊이 등도 상세히 소개하는 것은 조선을 중화 중심의 세계관에서 벗어나게 하려는 의도가 깔렸기 때문이었다.

그러나 이에 대해 반론을 제기하는 주장도 있다. 중화에 대한 사대주의는 후쿠자와 유키치와 그 문하생들이 갑신정변에 관여한 일본의 흔적을 지우기 위해 고안해 낸 신조어라고 보는 견해가 그것이다. 1890년대에 새로 만들어진 사대주의라는 단어는 일본을 따랐던 개화파들을 독립당으로 추켜세우고 그 반대편을 사대당으로 몰아세우기 위한 논리의 산물이라는 것이다.[*94]

3장

연행사들의 중국 기행

연행燕行이란 청나라가 심양에서 수도를 북경으로 옮긴 후 북경의 옛 이름인 연경으로 가는 사신의 행차를 일컫는 말이다. 조선 전기에는 명나라에 보내는 사신을 '조천사'라 했으나, 조선 후기에는 청나라의 도읍인 연경에 간 사신이란 의미로 연행사라 했다. 조선에서 청에 파견한 사신은 청의 도읍이 심양일 때는 동지사·정조사·성절사·연공사를 매년 4회씩 보냈다. 그 뒤 도읍을 연경으로 옮긴 후부터는 동지사로 통합되어 연 1회의 정기 사행이 시행되었다. 임시 사행은 사행 목적에 따라 사은사·주청사·진하사 등이 부정기적으로 파견되었다.

조선과 명나라는 조선 건국 초기부터 왕래가 잦았다. 건국 초기에는 매년 사신을 일곱 번 보내다가 점차 그 횟수가 줄어들긴 했지만, 병자호란 때까지 242년 동안 186회의 사신을 명나라에 파견했고 명나라 역시 이에 따르는 사신단을 보내왔다.*95 조선 시대를 통틀어 명나라와 청나라에 모두 870여 차례에 걸쳐 공식 사절을 보냈고 이를 기록한 연행록은 100여 편이 전해지고 있다. 이들 연행록은 대부분 한문으로 기록되었으나 홍대용의 『을병연행록』 등의 다섯 편은 여성과 일반인을 대상으로 하여 한글로 쓰였다.*96

청나라를 다녀온 여행기인 연행록에는 대체로 두 가지 유형이 있다. 첫째는 일기 형식을 취해 여행 체험을 날짜순으로 기록하는 유형으로서, 김창업의 『연행일기燕行日記』를 비롯한 대부분의 연행록이 여기에 속한다. 둘째는 비교적 드물지만, 인물·사건·명승고적 등 견문의 내용을 주제별로 나누어 기록하는 유형으로서 홍대용의 『담헌연기湛軒燕記』가 대표적이다.*97

사신의 행차인 사행은 조선과 청나라 간 책봉과 조공 질서를 유지하기 위한 정례적 외교 행사였으며 조선으로서는 나라를 유지하기 위한 중요한 방편의 하나이기도 하였다.*98 따라서 사행은 이를 수행하는 사신들에게는 막중한 업무였으나 사신들을 비공식적으로 수행하는 사람들에게는 별다른 소임이 없었다. 이들은 대개 친인척이 삼사신으로 갈 때 '자제군관'이란 이름으로 사행에 참가하였다. 약간의 중국어 실력이나 필담을 나눌 만큼의 필력을 갖추고 있으면 그 자격이 충분했고 주어진 소임이 없었기 때문에 여행 자체를 즐길 수 있었다.*99 연행 후 많은 사람이 기록을 남겼지만 자제군관 출신인 홍대용, 김창업, 박지원의 연행록이 가장 뛰어난 사행 기록으로 평가되고 있다.

모든 사행은 조공품이 수반되었기 때문에 조공과 이에 대한 답례인 회사 형태의 연행무역이 이루어졌다. 사신단의 사행 때는 공무역, 사무역과 함께 밀무역도 활발하게 이루어졌다. 여진과도 북평관을 세워 사신을 맞아들이면서 교역도 함께 진행되었다. 사행 인원은 사행의 종류에 따라 달랐으나, 대부분 삼사 즉 정사, 부사와 서장관 각 1인, 역관 19명, 의원, 사자관*주, 화원畫員, 군관, 우어별차**주, 만상군관***주 그리고 마두馬頭와 하인 등 정관 30인을 포함해 통상 2백 명에서 3백 명 선이었다.*100

사신에 포함된 역관들은 연행에 합법적으로 휴대할 수 있었던 인삼을 가지고 있었기 때문에 출세와 함께 엄청난 부를 축적할 수 있었다. 군관으로는 정사가 네 명, 부사가

역참이 그려진 함경도 지도 보물 제1583호, 문화재청(서울대학교 규장각한국학연구원 소장).

세 명, 서장관은 한 명의 전·현직 무관을 각각 데려갈 수 있었는데 자제군관인 친인척을 데려가는 경우가 많았다.*101

명나라 시대의 사신행로는 해로와 육로가 있었으나, 청나라 시대에는 육로만을 이용했으며 행로는 명대와 큰 차이가 없었다. 여정은 한양에서 출발하여 평양·의주·압록강·봉황성·연산관·요동·심양·광영·사하·산해관·통주·북경까지 약 3천백 리였다. 기간은 40일에서 60일이었으며, 북경 체류 기일까지 합치면 대략 5개월이 걸렸다. 북경에 체류하는 기간은 명대에는 40일로 제한되어 있었으나 청대에는 60일까지 체류할 수 있었다. 따라서 이 기간에 사행원들은 공적인 활동 이외에 사적으로 중국학자들과 접촉해 문화교류를 했고 서점, 명소, 고적 등을 방문하기도 하였다.*102

사행단이 귀국하면 삼사는 국왕을 알현하고 서장관은 사행 중에 보고들은 견문록을 작성해 국왕에게 보고했으며 정사, 정관, 수행원들도 사행 기록을 사적으로 작성하기도 하였다.*103 기록에 나와 있는 서장관 중에는 이성계의 아들 이방원도 포함되어 있어 이채롭다. 고려 창왕의 문하시중이던 이색은 명나라의 힘을 빌리기 위해 스스로 명의 하정사를 자원했는데 이때 이성계에 의한 창왕의 폐위를 염려해 이방원을 인질 겸 서장관으로 대동한 것이다.*104

---

*주 寫字官: 조선 시대 승문원承文院과 규장각에서 문서를 정서正書하는 일을 맡아 보던 벼슬.

**주 偶語別差: 어학연수와 통역실무를 익히기 위하여 북경으로 가는 정기 사행이나 특별 사행이 있을 때마다 중국어·만주어·몽골어 전공별로 돌아가면서 1인씩 압물관押物官의 일원으로 차출되어 동행하였는데, 이들을 우어별차라고 불렀다. (한국고전용어사전 2001)

***주 灣上軍官: 연행 길에 삼사가 머무르는 곳을 정돈하고 식량을 관리하는 일을 맡았으며 의주 사람 중에 뽑았다. (고미숙 2016)

한편, 중국은 조선 사절을 통하여 자국의 의사를 전달하기도 했지만, 별도로 칙사를 직접 보내오기도 하였다. 중국의 칙사에는 특별한 명칭은 없었지만 거의 상호적인 것이 관례였다. 조선 지식인들이 청나라를 다녀온 후 남긴 기록은 오늘날까지 백여 권이 전해질 만큼 그 숫자가 많다.*105 이 중 박지원의 『열하일기』가 백미로 평가되고 있지만, 홍대용의 『을병연행록』과 노가재 김창업의 『노가재연행록』도 연행록의 걸작으로 평가되고 있다. 이 책에서는 이들을 위주로 하여 몇 편만을 골라 다루기로 한다.

명나라로의 사행 기록

허봉의 『조천기朝天記』는 명나라를 대상으로 하여 이루어진 조천 사행 기록이기 때문에 엄격히 얘기하면 청나라를 대상으로 한 연행사에 포함될 수 없으나 여기서는 조천사의 대표 기록으로 다루기로 한다.

『조천기』는 1574년 허봉이 성절사 박희립의 서장관으로서 질정관 조헌과 함께 명나라 신종의 생일을 축하하기 위해 여행하면서 기록한 것이다. 그렇지만 사행 이후 허봉이 귀양길에서 병을 얻어 객사하자 1605년에 동생 허균이 편

명나라로 가는 바닷길을 그린 《항해조천도(航海朝天圖)》, 국립중앙박물관.

찬한 것이다. 5월 11일부터 11월 3일까지 6개월의 여정을 상·중·하의 『조천기』와 『과강록過江錄』으로 나누어 일기 형식으로 기록하였으며 노정과 함께 중국의 기상, 경제구조, 지리 등을 자세히 적고 있다.

『조천기』의 상권은 서울에서 출발해 6월 29일 해주위에 도착할 때까지, 중권은 7월 1일부터 8월 30일까지 우가장에서 산해관을 거쳐 북경에 들어가서 명나라 황제의 생일을 축하하고 북경을 구경한 기록이다. 하권은 9월 3일 입궐해 사은謝恩한 다음 8일 도문都門을 나서서 의주에 이르기까지의 기록이다. 그리고 같은 해 10월 10일 의주에서 귀경할 때까지는 『과강록』에 기록하였다.*106

『과강록』은 10월 10일 압록강을 건너 11일 의주 동헌에서의 연회, 11월 3일 서울에 도착해 근정전에서 명나라 황제의 칙서를 반포하고 하례를 끝낼 때까지의 간략한 기록으로 『조천기』의 연속이라고 볼 수 있다.

최초의 한글 사행 기록

『죽천행록竹泉行錄』은 죽천 이덕형이 1624년 명나라에 다녀온 과정을 담은 한글 필사본 사행록이다. 당시 이덕형의 명나라 방문은 인조반정으로 왕위에 오른 인조의 즉위를 명나라로부터 승인받기 위한 것이었다. 『죽천행록』은 한글 연행록으로 잘 알려진 홍대용의 『을병연행록』보다 무려 120년이나 앞선 최초의 한글 사행록이다. 다만 이 사행록은 이덕형이 직접 기록한 것이 아니고 사행에 수행한 한 군관의 기록을 이덕형의 집안에 드나들던 허목이란 사람이 정리한 것으로 알려졌다.

이 한글 사행록에서는 한문으로 쓰여진 공식 보고서에서는 찾기 어려운 조선 사신들의 굴욕적인 모습들이 생생하게 담겨 있어 한글 사행록의 탁월한 문학성도 함께 평가받고 있다.[*107] 같은 사행 기록을 홍익한은 『조천항해록朝天航海錄』이라는 제목의 한문 기록으로도 남겼다. 이 두 사행록은 당시 이덕형이 중국으로 오가는 길의 풍속과 문물을 상세히 보여 주고 있다. 다만 『조천항해록』은 조선에서 배로 중국으로 가는 항해와 중국에서의 활동 내용이 모두 기록되어 있는 데 반해 『죽천행록』은 앞부분이 소실되어 중국 체류 내용만을 보여 주고 있다.

『죽천행록』에서 당시 조선 사신들이 연경에서 겪은 수모를 보면, 이덕형이 길바닥에 엎드려 출근하는 중국 관리들에게 글을 올리는 장면이 나온다. 거기에 중국 관리들이 황제의 은혜를 아느냐며 사신들을 희롱하자 이덕형이 황제의 은택이 팔황구주에 사무친다며 충성을 맹세하는 광경은 약소국 외교의 설움을 적나라하게 보여 주고 있다. 이처럼 명나라로부터 인조 즉위의 승인을 의미하는 면류관과 곤룡포를 겨우 건네받을 때까지 이어진 명나라 관리들의 횡포가 잘 나타나 있다.[*108]

3대 연행록으로 평가된 기록

『가재연행록稼齋燕行錄』은 조선후기 숙종 때 김창업이 지은 기행문으로 일명 『연행일기燕行日記』 또는 『연행훈지록燕行壎篪錄』이라고도 한다. 김창업의 호를 따 『노가재연행록』이라고도 하는 연행집은 그의 형 김창집이 동지 겸 사은정사로 연행을 하게 되자 자벽군관*주의 자격으로 청나라에 다녀온 숙종 38년 11월부터 이듬해 3월까지 5개월 동안의 일기를 기록한 것이다.

김창업 일행은 1712년 11월 3일 서울에서 출발하여 11월 30일 통원보, 12월 15일 영원위, 12월 29일 연경에 각각 도착하여 이듬해 2월 14일까지 머물렀다. 소임을 마친 사행 일행은 2월 15일 연경을 출발하여 귀로에 올라 2월 21일 영평부와 2월 29일 십삼산을 경유하여 3월 30일 서울에 도착한 모두 146일에 걸친 왕복 6천28리의 여정이다.[*109]

『가재연행록』은 '별록'과 '일기'로 구분된다. 별록에는 일행의 인마人馬 수, 방물方物과 세폐歲幣 목록, 세폐의 품목 명세서인 예단禮單, 임금이 입경한 사신에게 물품을 하사하

---

*주 自辟軍官: 자제군관과 같은 말이다. 박지원, 홍대용 등이 바로 자제군관 신분으로 행동이 자유로워 탁월한 연행록을 남길 수 있었다. 김창업은 자신의 연행 목적이 오로지 중국의 풍물을 구경하기 위한 것이라고 스스로 밝히고 있을 정도다.

는 하정 예식, 사행의 감회를 진술해 왕에게 올리는 글인 표문, 중국과 주고받던 문서인 자문을 바치는 예식, 중국 조회에 참여하는 예식, 가지고 오는 물목, 오갈 때 둘러본 산천과 풍속 등이 실려 있다. 이 중 산천과 풍속에 대한 기록은 내용과 양 모두에서 비중이 가장 큰데 청의 진기한 풍속, 한인과 청인의 차이, 청 지배 아래의 제도 변화와 청인의 변모 등을 담고 있다.

일기는 모두 5권이다. 1권은 영원위에서 북경에 도착하기까지, 2권은 신년 조하를 하는 일로부터 북경 유람까지, 3권은 사행을 마치고 북경을 떠나기까지, 4권은 북경을 떠나 돌아오는 길에 따로 의무려산 유람 길에 오르기까지, 5권은 의무려산과 천산을 유람하고 다시 일행과 합류하여 의주를 거쳐 서울로 돌아오기까지의 내용이 담겨 있다.

이 사행의 목적은 조선과 청나라 간의 네 가지 사은*주과 동지사를 겸한 것이었다. 인조 22년인 1644년 이후부터 1년에 네 차례 보내던 정기 사행을 단일화해 삼절 겸 연공사라 하여 동지에 보내도록 했는데, 바로 이 사행부터가 그 효

*주 네 가지 사은이란 1712년 국경을 확정한 백두산정계비의 건립, 예단을 줄여 방물로 바꾸도록 한 일, 금 세공(歲貢)을 없애고 표피(豹皮)를 줄인 일, 국경을 넘어 청에 들어간 조선인에 대한 조사를 면제한 일 등을 말한다.

시다. 평소 청나라 문화를 접하고 싶어 했던 김창업은 55세의 적지 않은 나이로 주위 사람의 만류도 뿌리친 채 사행에 동행했다. 일기에는 기왕의 연행록들을 인용하거나 다른 점들을 소개한 것은 물론 자신의 여행에서 보고 느낀 것들을 함께 기록하였다. 『가재연행록』은 홍대용의 『담헌일기』, 박지원의 『열하일기』, 김경선의 『연원직지』와 함께 연행록의 대표작으로 평가되고 있다.

김창업은 사행 중 타각부打角夫로 사신 행차의 모든 기구를 감수하는 임무였으나, 자벽군관 신분이어서 자유롭게 여행하며 폭 넓은 기록을 할 수 있었다. 『가재연행록』은 숭명배청崇明背靑에서 북학으로 이어지는 시기를 대표하는 저술로서 당시 강희의 치세로 융성하던 중국 사회나 사상의 변화를 잘 그려 낸 작품으로 평가되고 있다. 이 사행의 다른 기록으로는 최덕중의 『연행록』이 있다.[*110] 한편 김창업의 증조부도 심양에 억류되었던 기록인 『설고집』을 남겨 대대로 연행한 집안이 되었다.

한글 연행록의 대표작

『을병연행록乙丙燕行錄』은 조선 후기 북학파의 선구적 학자 홍대용이 영조 시대인 1765년 겨울부터 1776년 봄까지, 그의 작은아버지 홍억이 청나라 사신으로 갈 때 자제군관의 자격으로 수행하면서 쓴 연행록이다.

『을병연행록』은 한글로 쓰인 연행록으로는 다섯 손가락에 꼽힐 정도로 흔치 않은 사례다. 지금까지 확인된 한글 연행록은 이덕형의 『죽천행록』(1624), 홍대용의 『을병연행록』(1765), 이계호의 『연행록』(1793), 서유문의 『무오연행록』(1798) 등에 불과하다.[*111]

무려 2,600쪽에 이르는 방대한 기록으로 보고 들은 바를 단순히 기록한 다른 연행록들과는 그 차원이 다르다. 『을병연행록』은 18세기 조선조에 팽배해 있던 반청숭명 사상과 그 배경을 재편해 보겠다는 홍대용식 사유의 산물이자 청나라 문화는 물론 그 배경으로 작용했던 서양의 실용 문화까지를 통섭한 보고서이기 때문이다.[*112] 당시 청나라는 중국 역사상 최고의 전성기를 구가하고 있었음에도 조선의 조야는 이를 애써 외면하고 있었을 뿐만 아니라 오히려 반청사상이 주류를 이루고 있었는데 홍대용은 이 저술을 통해 이를 타파하고자 하는 강한 의지를 보여 주고 있다.[*113]

『을병연행록』은 홍대용이 여성과 한글 독자층을 배려하여 쓴 한글본이지만 같은 내용의 한문본인 『담헌연기湛軒燕

記』와 『회우록會友錄』은 사행 기간에 쓰여 이보다 먼저 나왔다. 『담헌연기』는 인물, 고적, 문물, 노정 등을 주제별로 편집한 것이며 『회우록』은 북경의 유리창에서 만난 항주의 세 선비와의 필담과 편지를 기록한 것으로 『건정동필담乾淨衕筆談』으로도 알려졌다.

홍대용은 중국의 문물을 통해 본 우리와 전혀 다른 세상 이야기를 어머니가 쉽게 읽을 수 있게 하려고 사행록을 한글로 다시 쓴 후 그 제목을 한문본들과는 달리 『을병연행록』이라고 하였다. 또한 홍대용의 연행이 을유년 11월 2일에 시작되어 병술년 5월 2일에 끝났기 때문에 붙여진 이름이기도 하다. 책은 앞서 이야기한 『담헌연기』와 『회우록』을 한데 엮은 것이지만 한문본에서는 볼 수 없는 흥미와 실용을 동시에 추구하고 있어 여행의 사실적 필치가 돋보이는 작품으로 평가되고 있다. 이로 인해 한문 식자층의 전유물이던 연행록이 한글 독자층으로 확산하는 계기가 되었음은 더 말할 나위가 없다.

『을병연행록』은 한문 버전의 내용과 큰 차이가 없지만 건조하고 간략하게 쓰인 기존의 한문 연행록들과는 달리 견문의 세밀한 묘사와 생동감 있는 서술을 통해 한글 기행문의 진수를 보여 주고 있다.[*114] 한문 여행기인 『담헌연기』가

사실 전달에 주력한 데 반해 이 작품은 신변의 일이나 개인적 감회를 한글로 정감 있게 서술하고 있기 때문이다. 결과적으로 책은 기왕의 연행록이 가졌던 격식과 용도를 넘어서서 독자의 영역을 확대하는 데 크게 이바지한 작품이라고 할 수 있다.

『을병연행록』에서 홍대용은 북경에 체류했던 12월 28일부터 다음 해 2월 29일까지 천주당을 방문하여 서양 신부들과도 만나 필담으로 이야기할 기회를 가졌다. 서양 문물을 포함하여 중국의 여러 자료가 한데 모여 있던 유리창에서는 엄성·육비·반정균 등과 같은 당대의 청나라 지식인들과 만나 교류하면서 우물 안 개구리 식의 사고에서 벗어나 더 큰 세상을 바라볼 수 있는 계기를 만들기도 하였다.

홍대용이 쓴 다른 세 편의 연행록 가운데 『회우록』은 앞의 청나라 학자들과 교류하면서 문답한 내용을 주로 다루고 있다. 이 책에 붙여 쓴 연암 박지원의 서문은 동아시아 문화 교류라는 측면에서 홍대용의 중국 여행을 부각하는 한편, 홍대용의 저술을 사상사의 전환과 연계하여 설명하고 있어 주목받고 있다.[*115]

박지원은 『회우록』을 다 읽고 나서 홍대용의 벗을 사귀는 도리에 감탄하면서 자신도 이제야 벗을 사귀는 도리를 알게 되었다며 '홍대용을 통해 벗으로 삼는 바도 보았고 벗이 되는 바도 보았으며 자신이 벗하는 바를 그는 벗하지 않음도 보았다'고 고백한다. 그는 우리나라가 너무 좁은 데다가 그나마 의논과 파벌이 갈려 서로 벗하지 않는다고 하면서 어찌 함께 도를 말할 수 있겠느냐고 개탄하고 있다.

이처럼 『회우록』은 박지원뿐만 아니라 박제가, 서유문, 이덕무 등에 영향을 주어 실학자들이 더욱 넓은 세계를 지향할 수 있도록 도와주기도 하였다.*116 1832년 청나라를 다녀온 후 『연원직지燕轅直指』를 남긴 김경선은 『을병연행록』, 『노가재연행록』, 『열하일기』를 연행록 삼가로 꼽았을 만큼 책의 가치를 높이 평가하였다.

또한 조선 시대 연행사들의 주요 임무 중의 하나는 중국에서 출간된 최신 서적을 구해 오는 일이었다. 이들이 입수하여 들여온 서적들은 당시 조선에서 널리 유통되고 있었다. 이렇게 중국을 오가는 여행길은 홍대용 등의 북학파 학자들에게는 실용적 학문으로 나아가는 공간이기도 하였다. 연경 여행을 통한 수학, 천문학 같은 당시 접하기 어려웠던 서양 학문과 지식에 대한 탐구는 북학파 학자들의 사고를 발전시키는 데 크게 도움이 되었기 때문이다. 특히 홍대용의 연경 방문은 당시 북학파 학자 중에서도 처음이어

서 서양 문물과 실학을 도입한 업적이 매우 크다고 할 수 있다.[*118]

특히 책은 반청사상과 그 논리적 기반인 '화이론華夷論'을 정면에서 문제 삼고 이를 혁파하려고 한 점에서 크게 주목받고 있는 작품이다.[*119] 역사는 돌고 돌아 오늘날에도 중국과 미국 사이에서 화이론이 다시금 조명을 받고 있다. 당시 명나라에 대한 사대와 청나라와의 실리 사이에서 좌표를 잡지 못한 우리 조상들과 마찬가지로 사드와 교역을 두고 혼선을 빚고 있는 작금의 상황이 너무나도 흡사하기 때문이다. 이런 의미에서 연행록들에 대한 재조명과 이에 대한 새로운 독법이 절실한 시점이라고 할 수 있겠다.[*120]

외침을 예견하다

『북학의北學議』는 박제가가 관직에 등용되기 전인 1778년에 3개월의 청나라 여행과 1개월여의 연경 방문을 통해 직접 보고 경험한 청나라의 풍속과 제도를 기록한 견문록이자 사상서다. 책의 내용에 유주와 연주라는 지명이 언급된 것으로 미루어 보아 이 주변 지역을 중심으로 여행하였다는 것을 짐작할 수 있다. 이 시기 연행록에 나타나는 사신의 경로가 대부분 의주를 거쳐 압록강을 건너 심양, 산해관, 통주강을 통해 연경으로 입성하고 있는 것과 대조를 이루고 있다.[*121]

박제가는 평생 네 차례에 걸쳐 청나라를 여행했다. 29세 때인 1778년 정조 2년에 절친한 친구인 이덕무와 함께 연경에 가서 청나라 문화를 직접 견문한 것이 첫 번째 여행이다. 이 여행에서 돌아와 『북학의』를 일차 완성하고 '자서'를 썼다. 이후 수년간 내용을 보완하여 내편과 외편의 체계를 갖춘 『북학의』를 완성하였으며 이때 박지원과 서호수[*주]에게 부탁하여 '서문'을 받았다.

책이 완성된 후 1798년, 정조가 전국의 학자들에게 농서를 구하자 영평현령으로 재직하고 있던 박제가는 기왕에 쓴 『북학의』에서 농업을 다룬 내용을 추리고 새로운 사실을 채워서 상소문과 함께 바쳤는데 이것이 바로 『진소본 북학의進疏本 北學議』다. 그래서 『북학의』는 '내편', '외편', '진소본'의 세 부분으로 구성되어 있다.[*122]

『북학의』를 이름 그대로 풀이하면 '북학北學에 관한 논의' 즉 '북쪽 나라를 배우는 논의'라는 뜻이다. 다시 말하면 책

---

*주 徐浩修: 조선 후기의 천문학자이자 실학자로 정조의 신임을 받아 임종할 때까지 왕의 측근으로 활약하였고 규장각 설립에도 관여하였다.

은 당시로서는 조선보다 선진적인 것으로 평가된 청나라의 문물을 배우자는 저술이다. 따라서 18세기에 쓰인 사상서로서는 조선 시대의 어떠한 저술에서도 찾아보기 힘든 변화에 대한 강렬한 욕구와 개혁의 논리가 펼쳐져 있다. 직선적이고 분석적인 박제가의 논리는 조선의 현실을 날카롭게 진단한 것은 물론 그 대안까지 제시하고 있다. 박제가의 스승인 박지원이 쓴 서문에 따르면 박제가는 연경에서 농사, 누에치기, 가축 기르기, 성곽 축조, 집짓기는 물론 배와 수레의 제작부터 기와, 인장, 붓, 자를 제작하는 것에 이르기까지 눈으로 알 수 없으면 꼭 물어보고 따져서 이상한 것은 반드시 배웠다고 한다.*123

박제가는 젊은 시절부터 박지원을 비롯한 학문적 동지들과 조선의 부국강병을 위한 방안을 모색하였다. 27세 때 쓴 자전적 성격의 글인 「소전小傳」에서 '어려서 문장가의 글을 배웠는데 성장해서는 나라를 경영하고 백성을 제도할 학문을 좋아하였다'고 밝힌 것처럼 국가를 경영하고 백성을 잘 살게 하기 위한 학문 정진에 평생을 바쳤다.

이처럼 박제가의 염원을 담은 『북학의』는 낙후된 조선의 현실을 직시하고 이런 현실을 타개하기 위한 구체적 방안을 제시하는 내용으로 구성되어 있다. 다른 학자들과는 달리 눈에 보이는 현실을 있는 그대로 인정하고 그에 대한 대안을 세우려고 노력한 것이 박제가의 자세였다. 그는 누구보다도 솔직하게 조선은 천하에서 가장 가난한 나라라는 진단을 내렸다. '서문'에서는 백성들의 곤궁과 궁핍한 재정을 지적하고 있고 '병오년 정월에 올린 소회'에서는 당시 국가의 폐단은 한마디로 가난이라고 진단하고 있다. 그는 조선의 가난한 현실을 직시하고자 하였으며 현실을 철저하게 객관적으로 분석하고, 분석 결과를 이웃 나라들과 비교함으로써 시대를 앞서 조선의 운명을 예견하기도 하였다.

즉 박제가는 당시의 한반도 주변 정세에 대해 천하는 동쪽 일본으로부터, 서쪽으로 서장티베트, 남쪽으로 과왜자바섬, 북쪽으로 할하몽골의 도회지에 이르기까지 전쟁의 먼지가 일지 않은 지 거의 2백 년이나 된다고 진단했다. 이런 천재일우의 기회에 온힘을 다하여 부국강병에 힘쓰지 않는다면 다른 나라에 변고가 발생할 때 더불어 국가 위기가 발생할 수 있음을 경고한다. 그리고 이 경고는 수십 년도 채 지나지 않아 현실로 다가왔음을 후세의 역사는 증거하고 있다.[*124]

유머와 풍자가 넘치는 걸작

『열하일기熱河日記』는 실학자 연암 박지원이 1780년 연경을 거쳐 청나라 건륭제의 여름 별궁인 열하까지의 여정과 다시 연경으로 되돌아오기까지의 약 두 달간 그가 보고, 듣고, 겪고, 느낀 것들을 기록한 여행기다. 박지원의 8촌형 박명원이 건륭제의 칠순 잔치인 만수절에 진하사로 북경을 가게 되자 벼슬이 없던 박지원이 자제군관의 자격으로 수행하였다. 하지만 이때 쓰여진 『열하일기』는 당시 사회 제도와 양반 사회의 모순을 비판하는 내용을 사실적으로 담아냈기 때문에 당시의 위정자들에게 미움을 사게 되어 필사본으로만 전해져 오다가 1901년에서야 처음 간행되었다.[*125]

열하는 북경에서 동북쪽으로 약 230km 떨어진 하북성 승덕의 행궁으로 난하의 지류인 무열하 서쪽에 있다. 열하라는 지명은 무열하 주변에 온천들이 많아 겨울에도 강물이 얼지 않는 데에서 유래했다. 건륭제는 이곳에다 '피서산장'이라는 거대한 별궁을 짓고 매년 장기간 체류하였다. 청나라의 국력이 최고조에 달했던 건륭제 치세 중에 열하는 황제를 알현하러 모여든 몽골·티베트·위구르 등의 외교 사절들로 붐볐다.[*126]

박지원을 포함한 사행단 일행은 열하를 방문한 최초의 조선 외교사절이었다. 그래서 그는 제목을 다른 사행록과는 다르게 『열하일기』라고 명명했다. 책은 그 여정을 구분해서 기록하고 있는데 앞부분은 여행 경로를 기록했고 나머지 부분에서는 보고 들은 것들을 한 가지씩 자세히 기록하고 있다. 또한 나머지 부분은 열하나 연경에 장기간 머물 때 얻은 잡다한 견문들로서 시화·잡록·필담·초록 등 다양한 형식으로 정리되어 있다. 구성은 「도강록」부터 「금료소초」까지 모두 25편으로 그중 시화와 잡록에 해당하는 「행재잡록」, 「피서록」, 「구외이문」, 「알성퇴술」, 「동란섭필」 등을 통해 당시 조선에 잘 알려지지 않은 청나라 학계와 문단의 동향을 주로 소개하였다.

그리고 「속재필담」, 「상루필담」, 「망양록」 등 중국인들과 나눈 필담도 많은 비중을 차지하고 있다. 그는 이러한 필담들을 원고 그대로 싣지 않고, 독자들의 흥미를 끌 수 있도록 현장감을 살린 대화록을 활용하여 소설처럼 재구성해 놓았다. 이렇듯 『열하일기』는 여행 중에 겪은 사소한 일들을 장면 중심으로 교묘하게 구성하여 흥미 있는 체험담으로 재현한 소설적 특징을 가지고 있다. 중국인과의 대화는 반드시 구어체인 '백화白話'로 표현하여 육성을 방불케 하는 생기를 더하고 있다. 또한 우리말 대화 장면에서는 조선식 한자어와 우리 고유의 속담을 같이 구사함으로써 토속어의 맛을 살리면서 동시에 해학적 효과도 거두고 있다.*127

책의 구성에 따라 살펴보면 「도강록」은 압록강에서 요양에 이르는 15일간의 기록으로 굴뚝과 구들 등 여염집의 구조와 성제城制 등을 자세히 서술하면서 모든 물건을 이롭게 써서 백성이 윤택해져야 한다는 이용후생의 주장을 펴고 있다. 「성경잡지」는 십리하에서 소흑산에 이르기까지의 5일간의 기록으로 여정에서 사사로이 만난 평민들과 나눈 대화와 그곳의 산천·절·사당 등을 소개하고 있다. 「일신수필」은 신광령에서 산해관에 이르는 9일간의 기록으로 저잣거리·여관·교량 등에 관해 자세히 기록하고 있다. 「관내정사」는 산해관 안에서부터 부경까지의 기록이다. 「막북행정록」은 연경에서부터 열하로 가기까지의 기록으로 연경에 겨우 도착한 사신 일행이 열하로 피서가 있는 황제를 알현하기 위해 가는 동안에 겪은 숱한 고생들을 적고 있다. 「환연도중록」은 열하에서 다시 연경으로 돌아오면서 급히 갈 때 보지 못했던 것들을 자세히 기록하고 있다. 「구외이문」은 만리장성 밖에서 보고 들은 이야기를 서술하고 있으며 「황도기략」은 연경에서 관찰한 문물, 제도 등을 그 내력과 전해 오는 말들을 곁들여서 기록한 것이다. 「알성퇴술」은 공자의 묘를 참배하고 건물과 학교, 학사의 연혁과 규모 등을 기록한 것이며 「기엽기」는 연경 안팎에 있는 절과 궁 등의 명소를 구경한 기록이다.*128

1832년 중국을 다녀온 김경선은 역대 연행록 중 가장 뛰어난 저술로 김창업의 『가재연행록』, 홍대용의 『담헌연기』와 함께 꼽으면서, 『열하일기』는 입전체적 특징을 지닌 독특한 유형의 연행록이라고 평가하였다. 입전체란 사마천의 『사기』 이후 계승되어 온 기전체 중 열전列傳 형식을 가리킨다. 김경선은 『열하일기』가 단순한 여행 기록이 아니라 여정에서 마주친 수많은 인간을 생생하게 형상화한 일종의 '열전'이라는 점을 강조하고 있다.*129

이처럼 『열하일기』는 박지원의 문장력으로 여러 방면에 걸쳐 당시의 사회 문제를 정확하게 풍자한 조선 후기 문학과 사상을 대표하는 걸작이다. 그 내용은 청나라의 정치·경제·사회·문화 등 다방면의 현실에 대한 풍부한 견문과 이에 기초한 실학사상으로 이루어져 있다. 박지원은 청나라가 눈부신 번영과 정치적 안정을 이루고 있음을 보고하고 상업을 중심으로 청나라의 발전상을 증언하면서, 조선의 낙후된 현실을 개혁할 구체적 방안들도 제시하고 있다.

그는 궁전을 비롯한 각종 건축이 크고 화려하며 벽돌을 사용하여 견고한 점 등을 소개할 뿐만 아니라, 우리도 청나라처럼 벽돌을 널리 활용하고 수레를 전국적으로 통용하게 하자고 주장한다.*130

만주족이 지배하던 청나라 시절은 한족과 만주족 사이에는 늘 팽팽한 갈등이 존재하고 있었다. 박지원은 필담을 이용하여 중국 선비들의 마음을 열어 속내를 드러내게 하였기 때문에 이들은 필담한 종이를 불에 태우거나 먹어 치웠다. 이런 방법으로 그는 천하의 형세는 물론 주자학과 불교의 관계 등의 담론을 끌어낼 수 있었다. 또한 그는 조선과 청나라의 지배정신, 문화와 문물의 격차와 이념을 냉정한 지식인의 관점으로 살폈고, 서민들과의 어울림을 얽매임 없이 자유로운 문체로 기술했다. 그럼으로써 새로운 문물에 대한 정보와 열린 학자로서의 사유, 여행의 흥미와 벅찬 감흥을 치우치지 않게 담아내고 있다.*131

한글로 쓰인 연행기

『무오연행록戊午燕行錄』은 정조 22년인 1798년 10월 삼절연공 겸 사은사의 서장관으로 연행하였던 서유문이 다음해

4월 귀국하여 왕에게 보고하기까지 왕복 160여 일을 기록한 기행문이다. 책의 전반부는 무오년 8월 9일부터 서장관에 임명된 뒤의 준비 과정과 10월 19일 중국 황제의 표문을 받고 길을 떠나 12월 6일 쌍양점에 이르기까지 약 3개월간의 일기이다. 책의 후반부는 12월 7일 쌍양점에 머무르고 8일 길을 떠나 19일 연경에 들고 22일까지 연경에 머무른 일기, 12월 23일부터 기미년 2월 6일까지 연경에 머무른 일기, 2월 7일 돌아올 길을 준비하여 2월 8일 연경을 떠나고 국경에 이른 3월 20일까지의 일기 등으로 되어 있다.*132

이 책은 연경 체재 일기가 그 중요한 내용을 차지하고 있지만, 홍대용이나 박지원의 연행록보다 그 관찰의 폭이 제한된 느낌이 있다. 그것은 서유문이 다른 군관들처럼 자유로운 신분이 아니라 서장관이었기 때문이었을 것이다. 다른 한편으로는 당시가 건륭제의 상중이었던 관계로 나들이가 자유롭지 못했던 때문일 수도 있다.*133

『무오연행록』은 홍대용의 한글본 『을병연행록』보다는 30여 년, 『열하일기』보다는 17년 뒤인 18세기에 나온 것이지만, 『을병연행록』 등과 함께 18세기 저술로서는 흔치 않은 한글 기행문이라는 점에서 주목된다.

대표적 여행가사

『연행가燕行歌』는 홍순학이 고종의 왕비 책봉을 청나라에게 주청하기 위해 서장관으로서 연경에 다녀온 후 지은 장편 '기행가사紀行歌辭'다. 고종 때인 1866년 4월 9일부터 그해 8월 23일까지 133일 동안의 서울에서 북경까지의 여정과 견문을 가사 형식으로 기록한 것으로 김인겸의 『일동장유가日東壯遊歌』와 함께 조선 시대 여행가사의 쌍벽을 이루는 작품으로 평가되고 있다.*134

문과에 급제한 홍순학은 1857년 25세의 젊은 나이에 서울을 떠나 고양·파주·임진강·장단·송도·평산·곡산·황주·평양·가산·정주를 거쳐 의주까지의 국내 여정 한 달여 만에 압록강에 도착했다. 압록강을 건너면서 비로소 허약한 기질에 만 리 길을 감행하고 있는 자신을 걱정하며 외로움, 가족과 나라 생각에 무거운 나그네의 심회를 가사로 적고 있다. 그간 융숭하게 대접받던 것과는 달리 국내를 벗어난 무인지경 만주 벌판에서 군막생활의 어려움뿐만 아니라 봉황성에서 만난 만주인 남녀들의 기괴한 옷차림과 생활상 그리고 낯선 이국 풍물 등을 특유의 익살로 다음과 같이 기록하고 있다.*135

눈깔은 움쑥하고 콧마루는 우뚝하며

머리털은 빨간 것이 곱슬곱슬 양모 같고

키 꼴은 팔척장신 의복도 괴이하다.

쓴 것은 무엇인지 우뚝한 전립 같고 입은 것은 어찌하여 두 다리가 팽팽하냐,

계집년들 볼짝시면 더구나 흉괴하다.

통통하고 커다란 년 살빛은 푸르스름… 새끼 놈들 볼 만하다.

사오륙 세 먹은 것이 다팔다팔 빨간 머리

샛노란 둥근 눈깔 원숭이 새끼들과 천연히도 흡사하다.

효종 임금이 청석령을 넘어 심양으로 끌려가 받은 모욕에 통분하였던 이야기, 북경의 문루와 고적 등의 관람, 시장거리를 두루 살펴본 즐거움과 요술 관람, 사람들을 만나 인정을 교환하였던 일 등 당시의 정황을 밝혀 주고 있다. 총 3,924구로 구성된 '연행가'는 가사 작품으로는 보기 드물게 장편인 까닭에 여정이 자세하고 서술 내용도 풍부하다. 또한 대상을 자세하고도 치밀하게 묘사하고 있어 생동감을 더하고 있다. 고사 성어나 한자의 사용을 억제하고 한글로만 기록하여 서민 계층을 겨냥한 것 등 조선 후기 가사의 특징을 잘 보여 주고 있는 가사 작품으로 평가되고 있다.*136

4장

통신사들의 일본 기행

일본의 요청으로 조선 왕실이 일본에 파견한 외교 사절인 '조선통신사朝鮮通信使'는 모두 열세 차례에 걸쳐 이루어졌다. 통신사행은 짧게는 5개월 길게는 10개월까지 걸리는 여정으로 사신에서 하급 선원에 이르기까지 매번 300명에서 500명의 인원이 참여했다. 정사, 부사, 종사관이 일본에 보내는 국서를 받들고 사행단을 이끌었으며, 제술관과 세 명의 서기가 일본 문사들과 직접 만나 시와 필담을 주고받는 등의 문화 교류를 담당하기도 하였다. 이 외에도 화원, 악공, 선장 등 다양한 계층의 인물들이 사행단으로 참여했다.

열세 차례의 통신사 왕래 중 최초 세 차례 통신사들의 임무는 일본의 동향 파악과 함께 왜란 중 일본으로 끌려간 조선의 포로와 유민의 송환을 요구하기 위한 것이었다. 그래서 조선통신사의 정식 명칭도 '회답겸쇄환사回答兼刷還使'였다. 조선이 통신사라는 이름의 사신을 이미 일본에 파견하고 있긴 하였지만, 이때까지는 그야말로 소식을 전한다는 이상의 의미는 없었다. 신의를 전하려면 두 나라 사이에 우호적인 분위기가 조성되어 몇 차례의 준비 사절이 오갔어야 하는데, 이 시기에는 서로 믿을 수 있는 분위기가 형성되어 있지 않았기 때문이다.

통신사는 대등한 관계에서 오가는 평화의 사신이지만 조선과 일본 두 나라 사이의 통신사는 임진왜란의 강화 과정에서 포로를 데려와야 하는 현실적인 문제가 생겼기 때문에 전쟁을 마무리하기 위해 시작되었다. 이런 연유로 1607년에 회답겸쇄환사로 시작했지만, 돌아오고 싶어 하는 포로들이 상당수 귀국하자 두 나라 사이에 평화를 유지하기 위해 1636년부터는 통신사라는 명칭으로 바뀌어 파견되었다.

에도막부는 그 대표성을 국내외로부터 공인받기 위해 막대한 비용을 들여 통신사를 접대하였다. 중국과 외교가 단절되면서 대륙 문화를 공식적으로 받아들일 기회가 줄어들자 조선 정부에 각 분야의 전문가를 보내달라고 요청하였다. 통신사의 숙소에 일본 전문가들이 찾아와 질문하고 조선 전문가가 답변한 내용이 바로 필담집인데, 선진문화를 읽어 보고 싶은 일본 독자, 자신의 이름을 널리 알리고 싶은 일본 문사, 책을 판매하여 이윤을 추구하려는 출판업자의 욕구가 모두 맞아떨어지면서 2백여 종의 필담집이 곧바로 간행되었다.*137

통신사로 일본을 향하는 사람들의 마음은 편치가 않았다. 육로가 아닌 넓디넓은 바다를 건너야 하는 사행이었기 때문에 안전을 보장받을 수 없었기 때문이다. 따라서 살아서 돌아오지 못할 것이라는 두려움도 있었다. 그러나 낯설지만 새로운 문물을 만나는 것에 대해 기대를 하고 출발하는 사람들도 많이 있었다.*138

통신사들의 일본 사행은 대체로 부산에서 출발하여 쓰시마에 머문 후 아이노시마와 아카마가세키시모노세키의 옛 이름를 지나 일본의 내해인 세토나이카이로 들어가 가미노세키, 가마가리, 도모노우라, 우시마도, 무로쓰, 효고 등에 기착한 후 육로의 관문인 오사카에 도착한다. 오사카에 정박하면 배에 전체 사행단의 절반 정도가 남게 되고 나머지 인원은 에도도쿄의 옛 이름까지 가게 된다. 오사카의 강을 거슬러 올라가서 교토, 나고야, 오카자키, 스루가, 에지리, 요시와라, 미시마, 하코네, 시나가와 등을 거쳐 에도로 들어가는 것까지가 나머지 여정이다. 돌아오는 길은 이와 반대의 여정으로 해로와 육로를 모두 합해 4천6백리1,800km다.

조선의 통신사 파견에 따라 일본은 영접하기 위한 준비에 들어간다. 통행하는 도로를 정비하고 이들이 묵을 만한 장소를 물색하거나 장소가 마땅치 않을 경우는 새로운 숙소를 지었다. 또한 조선의 사신들을 위해 술을 포함해 다양한 종류의 음식을 차려 주었다.

통신사행 당시 조선은 일본에 대해 문화적 우월감이 넘쳐 있었다. 그러나 문화적 자신감으로 충만한 상태로 일본에 갔던 통신사들 가운데는 일본 문화를 접하고 난 후 큰 충격을 받고 돌아오는 이들도 있었다. 특히 18세기 일본의 번성한 출판문화는 그들에게 커다란 놀라움이었다. 중국과 조선 책을 취급하는 일본 서점 규모가 엄청났기 때문이다. 사행 동안 통신사들이 써 준 글이 돌아오는 길에 이미 출판, 유통되는 빠른 출판 속도는 조선에서는 있을 수 없던 일이었다.

일본 도시들의 화려한 문화도 충격을 안겨 주었다. 거리를 메운 남녀노소의 사치스러운 복색과 치장은 화려했고 휘황찬란한 야경과 건축물들은 조선에서는 볼 수 없었던

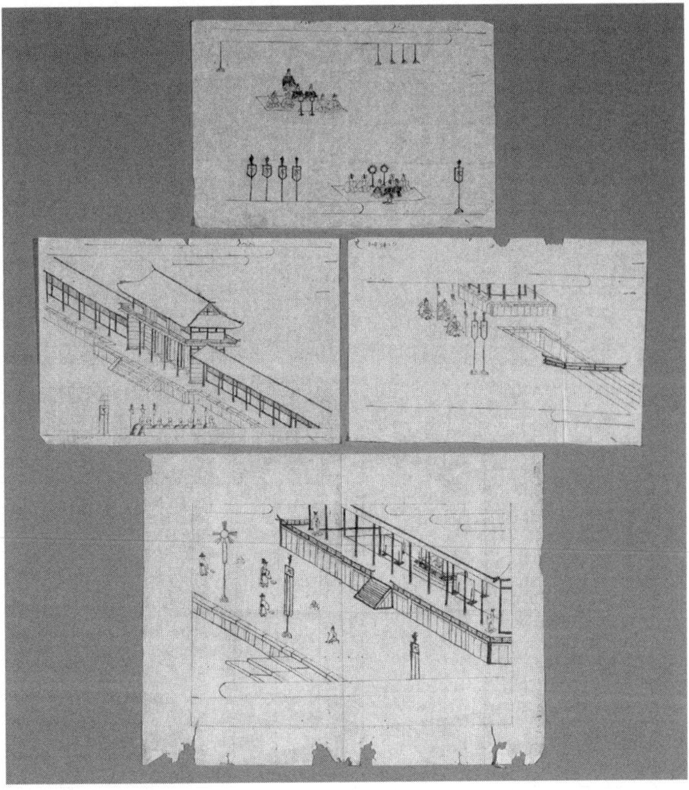

일본에 파견된 조선통신사 그림《조선국사절단도(朝鮮國使節團圖)》, 국립중앙박물관.

풍경이었다. 이러한 정경들은 조선의 문화적 우월감을 누르는 압력으로 느껴지기도 했다. 이들의 여정은 정치, 경제, 사회, 문화 등 여러 분야에서 일본 사정을 알려 주었고, 통신사행을 다녀와 남긴 많은 기록은 조선과 일본의 외교관계를 알려 주고 있다.

조선통신사의 일본 파견에 따라 조선과 일본의 왕래가 매우 활발해지면서 세종시기에는 매년 일본 배가 2백여 척 들어오고 5천 5백여 명이나 되는 일본인의 왕래도 있었다.*139 이에 따라 조선은 현재의 웅천인 내이포, 현재의 동래인 부산포, 현재의 울산인 염포를 개항하고 일본인들의 거주를 허용하기도 했다.

아전 출신의 직업 외교관

이예李藝는 조선 태조와 세종 때 사람으로 요즘으로 치면 직업 외교관이다. 당시 창궐하던 왜구를 제압하기 위해 40여 차례나 일본을 드나들며 조선인 포로 667명을 구출해 낼 정도로 그 능력이 탁월한 외교관이었다. 1373년생으로 울산에서 태어난 이예는 여섯 살 때 어머니가 왜구에게 납치된 후 결국 찾지 못했다.

스물넷이던 1396년 12월에 왜구 3천 명이 침략하여 운산 군수 이은을 납치했다. 당시 아전으로 있던 그는 다른 아전들이 도망가는 와중에도 관아의 은 술잔을 들고 이은을 쫓았다. 바다 한가운데에서 이예는 상관과 함께해 달라고 간청하여 이은을 극진히 모신 일로 왜구들을 감동하게 했다.

그리고 가져간 은 술잔을 왜구 우두머리에게 주어 마음을 사니 왜구는 이은과 이예를 죽이지 않았다. 결국, 이예 일행은 다시 조선으로 돌아왔다. 이후 그는 조정으로부터 충절과 기지를 인정받아 아전 신분에서 벗어나 벼슬을 하게 되었다.

태종 16년에는 왜구에게 붙잡혀 간 조선인들이 지금의 오키나와인 유구국으로 끌려가 노예로 팔려 나가자 이예는 유구국까지 달려가 조선인 포로 44명을 구출해 오기도 하였다. 그가 벼슬에 나간 1400년부터 1443년까지 사신행을 하면서 구출해 온 포로는 유구국의 44명, 대마도 5백 명, 일기도 50명 등 모두 667명에 달한다. 당시 항해 기술로는 일본에 다녀오는 것이 6개월이 넘는 긴 일정이었으니 일생의 반 이상을 일본과 바다에서 보낸 것이다.

또한, 43년 동안 40여 차례에 걸쳐 일본 사신행에 참여하여 조선과 대마도 사이의 사절 임무를 수행하였다. 그가 왕명을 받들어 떠난 40여 회의 사신행 중 30여 회의 목적지는 대마도였다. 그는 대마도주 종정무에게 조선 조정을 대신하여 관직을 하사하고 대마도의 왜구들을 통제했다. 그 대가로 대마도는 조선으로부터 식량 원조와 문화적 지원을 받았다.

세종도 이런 이예를 총애하여 그가 억울한 누명을 쓰면 끝까지 믿어 주었고 사사로운 실수는 눈감아 주었다. 이런 세종의 총애에 보답하여 이예는 목숨도 아끼지 않고 71세의 노구를 이끌고 현해탄을 건너는 것을 주저하지 않았다.*140

이예는 뒤늦게나마 1910년 그의 탁월한 외교 공로를 인정받아 순종으로부터 충숙공의 시호를 받았으며 그 후 한 세기가 지난 후 외교통상부는 우리 외교를 빛낸 인물로 선정하여 그의 업적을 기리고 있다.*141

일부 서양학자들은 조선왕조가 동아시아의 다른 왕조와 달리 5백 년 이상 지속할 수 있었던 것은 조선의 실용 외교 덕분이라고 주장하고 있는데 이예가 바로 조선의 실용 외교를 잘 보여 준 사람이라고 할 수 있다.

227편의 시로 된 기록

『노송당 일본행록老松堂日本行錄』은 조선 초기 송희경이 회례사로 동래를 출발하여 일본에 다녀온 체험을 기록한 사행록이다. 호가 노송당인 송희경은 태종 11년인 1411년에 서장관으로 명나라에 다녀왔으며, 세종 2년인 1420년 일본에 다녀오는 등 외교적 수완이 뛰어났던 인물이다.

성절사 서장관으로 중국 임무를 마치고 돌아온 송희경은 1420년 세종 2년에 첨지승문원사로 임명된다. 1419년 세종은 이종무로 하여금 대마도를 정벌케 하였다. 일본은 이를 명나라와 조선이 연합하여 자기들을 침공하는 거로 오해하고 그 진의를 탐색하고자 승려 무가이 료게이를 사신으로 조선에 파견했다. 이에 세종은 일본 사신을 맞이하면서 대장경 한 부를 주고 회례사를 보내어 일본을 회유하고자 했다. 이때 회례사로 일본에 보내진 송희경의 임무는 조선이 대마도를 공격한 것은 오직 해적을 소탕하기 위함이라는 것을 일본에 설명하고 일본 정부를 안심시키는 일이었다.

이러한 이유로 날짜별로 기록한 『노송당 일본행록』은 송희경 사후 자필본 원고가 유실되었다가 명종 때인 1556년 후손 송순에 의해 발견되었다. 그 후에 가보로 전해 오다가 임진왜란 때 다시 분실되었다. 그리고 임진왜란 당시 일본에 포로로 잡혀갔던 정경득이 왜군에 의해 약탈당한 것을 필사해서 돌아왔다. 이후 정조 때인 1799년에 목활자 판본으로 인쇄되어 세상에 알려지게 되었다.*142

책의 내용은 주로 한시지만, 창작 배경을 설명하기 위해 산문으로 쓰인 서문에 그가 접한 일본의 인물들과 풍속이 잘 나타나 있다. 보고 느낀 일본의 산천, 풍물, 인정, 풍속, 정치 제도는 물론 저자가 겪은 경험과 심경을 총망라한 내용을 모두 227편에 달하는 시로 기록하였다.

또한 책은 사행의 모든 일정을 보여 주고 있다. 당시 사행단은 일본까지 가기 위해 서울-이천-안평-가흥-충주-문경-유곡-덕통-선산-성주-청도-밀양-금곡-김해를 거쳐 동래 동헌까지 걸어야만 했다. 이후 부산포를 출발해 초량에서 묵고 쓰시마에 도착하였다. 일본 본토에서는 교토까지 왕복한 후 지금의 진해시인 제포로 들어와 김해를 거쳐 귀경한 여정이었다. 송희경 일행도 1420년 윤정월 15일에 한양에서 출발하여 4월 21일 교토에 도착했고, 10월 25일에 한양으로 돌아왔다. 무려 9개월이 걸린 기나긴 여행이었다. 하지만 일행이 교토에 도착한 때는 대마도 정벌 직후 일본의 조선에 대한 감정은 험악했고 특히 요시모치 쇼군의 오해가 깊은 상황이라 6월 17일이나 되어서야 세종의 국서를 전달할 수 있었다. 송희경은 당시의 어려움을 다음과 같이 피력하고 있다.

> 가고 오는 만여 리 길에는 바람과 물결이 험난하고 해적이 사나울 뿐이었다. 우리 조정이 대마도를 정벌한 다음 해였기 때문에 왜인들은 조선의 병선이 반드시 다시 올 것으로 생각하여, 저희 나름대로 수비와 방어태세를 풀지 않고 있었으나 내가 간 것을 보고 모두들 기뻐하여 이를 파하였다. 하카다에 이르러 지방장관을 만나 그의 말을 듣고 사정을 살펴보았다. 하카다는 본래 성곽이 없으므로 밤마다 도적이 창궐하여 살인을 하는 일도 있었다. 내가 도착하자 지방장관은 관리를 시켜 마을 가운데 길에 문을 만들어 밤에는 닫고 낮에는 열어 도적들을 막아 주었다. 이는 규슈의 왜인들로서는 처음 있는 일로 그만큼 우리에게 후의를 베풀어 준 것이다.

송희경 일행은 9월 30일 일본방문을 마치고 지금의 진해시인 제포에 도착했다. 이 항구는 무로마치 시대에 부산포, 지금의 울산인 염포와 더불어 일본 배의 기항지이자 일본인 거류지로 지정된 삼포 가운데 하나였다. 송희경은 한양으로 향하던 도중 김해 노상에서 대마도 정벌 이후의 일본

여행이 얼마나 험했는지를 다음과 같이 기록하고 있다.

> 국서를 손에 받들고 바닷길 향하여
> 이 몸이 몇 번이나 죽었다가 살았던고.
> 오늘에야 배를 매니 참으로 꿈만 같구나.
> 역마 타고 가을바람에 서울로 향해 가네.

당시 일본은 천하 통일이 된 지 얼마 되지 않은 때라서 치안이 매우 불안했던 상황이었다. 사은품을 가득 실은 사절단의 배는 규슈와 본토 사이의 바다인 세토나이에서 몇 번이나 해적선의 공격 목표가 되었다. 『일본행록』에 따르면 사행선은 7월 22일 해적들이 사는 곳인 가마가리지마에 도착했는데 무로마치 막부 쇼군의 영향력이 미치지 못하는 곳이어서 호송선도 없었다. 그래서 사행단 일행 모두는 해적의 출몰을 우려하며 두려움에 떨 수밖에 없었다. 그러나 다행히도 동행했던 일본 하카다의 상인이 돈을 해적들에게 쥐어 주고 무사히 세토나이 바다를 거쳐 교토에 도착할 수 있었다고 했다.[*143]

일본의 잠재력을 깨우치다

중국, 왜, 몽골, 여진 등의 말에 능통했던 조선 초기의 문신 신숙주는 자신의 외교적 치적과 방법을 후대에 전하기 위해 기록을 남겼다. 1471년 성종 때 집필한 『해동제국기海東諸國記』가 그것으로 '해동제국'이란 일본 본국과 구주, 대마도와 현재의 오키나와인 유구국을 함께 지칭한 말이다.*144

탁월한 정치가이며 외교관이었던 신숙주는 세종부터 성종까지 6명의 군주를 보좌했으며 외교, 국방, 문화의 각 분야에서 탁월한 업적을 남겼다. 명나라의 명문장가로 1451년에 조선에 사신으로 왔던 예겸은 신숙주의 글재주를 본 후 조선의 '굴원屈原'이라며 높이 치켜세우기도 했다. 신숙주는 세종의 명으로 훈민정음 창제 작업에 참여하면서 명나라 한림학사 황찬의 도움을 얻기 위해 13차례나 요동을 다녀왔으며 1443년에는 서장관으로 일본을 다녀왔다. 이러한 경험은 신숙주에게 동아시아 외교에 대한 탁월한 감각을 갖추게 해 주었다.*145

『해동제국기』는 일본과 유구국에 관한 지리 정보와 인문 지식을 담고 있으며 지도, 역사, 풍속 등 섬나라의 모습을 그려 내고 있다. 이 책으로 인하여 조선인은 일본에 대해

『해동제국기』와 책에 수록된 일본지도 부분, 문화재청(한글박물관 소장).

그동안 가져 왔던 고정관념을 고쳐나가게 된다. 이전까지는 일본이라고 하면 단지 야만적이며 조그만 나라로만 인식해 왔지만 '해동제국기'에서 전하는 일본의 실체는 당시 조선인들이 생각하던 수준을 훨씬 능가하는 것이었기 때문이다. 특히 신숙주는 일본의 영토에 대해서 흑룡강 북쪽에서 시작해서 우리나라 제주의 남쪽까지 이르고 유구와 잇닿아 있어서 그 지형이 매우 길다고 했는데 당시 일본의 영토가 이렇게 클 것으로 생각한 사람은 없었다. 『해동제국기』는 기존의 성리학 틀에서만 갇혀 있던 조선인들에게 더 냉정한 현실을 보여 주었다는 것을 의미하고 있다.[*146]

15세기 조선은 명에 대한 사대 정책을 펼치고 여진, 왜, 유구 등과는 교린 관계를 유지하고 있었다. 신숙주는 『해동제국기』에서 풍속이 다른 나라 사람들을 편안하게 접대하기 위해서는 반드시 그 실정을 알아야만 예절을 다할 수 있고, 예절을 다해야만 그 마음을 다할 수 있다고 하여 교린의 원칙을 제시하고 있다. 책을 통해 신숙주는 몇 가지 외교 원칙을 제시하고 있다.*147

첫째, '경제제일주의' 원칙이다. 조일무역의 중요성을 알리는 한편, 일본의 핵심 지도층이 권력 분산으로 나뉘어 있어 누구를 어떻게 상대하고 파악하는 것이 중요하다는 것이다.

둘째, '얻기 위해서는 먼저 주어라'는 원칙이다. 일본이 조선에 오는 것은 무역상의 이익을 꾀하려는 것이므로 보내는 것을 후하게 하고 받는 것을 박하게 하면 회유할 수 있어 침입을 예방할 수 있다는 것이다.

셋째, '무력은 마지막 수단'이라는 원칙이다. 대외 정벌이나 무력을 쓰기에 앞서 나라 안의 정치를 충실히 할 것과 조정의 기강을 먼저 세우는 일이 중요하다는 것이다. 내치와 외교는 동전의 앞뒷면과 같아서 내치가 잘못되고도 외교가 잘된 나라가 없음을 깨우치고 있다.

『해동제국기』는 성종 때 처음 나온 이후로 조선 후기까지 일본으로 가는 사신들이 반드시 참고해야 하는 외교지침서

역할을 했다. 신숙주는 1475년에 59세를 일기로 세상을 떠날 때도 성종에게 일본에 대한 경계를 게을리하지 말 것과 일본과의 화평을 해치지 말 것을 주청했다. 세조부터 성종까지 왕들은 외교에 대한 신숙주의 충언을 받아들였으나, 차츰 일본에 대한 경계를 게을리 함으로써 결국 임진왜란을 겪게 된다.*148

조선통신사들의 안내서

『해유록海遊錄』은 숙종 때인 1719년 신유한이 도쿠가와의 쇼군 즉위를 축하하기 위한 통신사 제술관으로서 쓴 사행록이다.*149 『해유록』은 신유한의 문집 『해양동유록海槎東遊錄』을 통칭하는 것으로서 일기처럼 쓴 세 권의 「일록日錄」과 부록 「견문잡록聞見雜錄」이 포함되어 있다.

신유한은 뛰어난 재주에도 불구하고 서얼이라는 신분으로 높은 관직엔 오르지 못하였고 통신사행에 참여하게 된 것도 같은 이유가 크게 작용했다. 통신사는 목숨을 걸고 바다를 건너야 하므로 사대부들이 기피하였다. 따라서 서얼 문사들이 참여하는 경우가 많았다. 그러나 일본에 다녀온 경험을 기록한 『해유록』으로 인해 신유한은 오히려 명성을

얻게 된다.[*150]

이전의 사행록은 일본을 약소국 또는 조선보다 열등한 나라로 치부하여 그 문화를 배척하고 업신여기며 낮춰서 적거나 아예 적지 않았던 사례가 많았다. 그렇지만 『해유록』은 일본 문화와 관습에 대한 통찰과 이에 대한 치밀한 묘사, 그리고 역사와 지리에 대한 구체적인 정보 등이 다른 사행록에 비해 뛰어나 당대는 물론 후대에도 널리 읽혔다. 이후의 후배 통신사절들은 물론 일반인들에게도 『해유록』은 당시의 일본에 대한 견문을 넓히는 데에 크게 도움을 주는 책이었다.

특히 통신사행으로 일본에 간 사람들에게 필독서였으며 통신사 일기나 견문록에 자주 인용되었다. 1763년부터 1764년까지 일본을 다녀온 성대중은 『일본록』이라는 책에 『해유록』을 인용한 초록을 실었었다. 김태준은 『해유록』을 박지원의 『열하일기』와 더불어 기행문의 쌍벽이라며 그 문학성을 높이 평가하고 있다.[*151]

교통과 통신이 발달한 오늘날 지구촌 시대를 살아가면서 꼭 필요한 타국 문화 수용의 중요성을 이미 3백 년 전 조선시대의 신유한이 생각했고 그것을 글로써 여러 사람에게 전파했다는 것은 여행사적으로도 큰 의미가 있다고 하겠다.

고구마를 조선에 들여오다

『해사일기海事日記』는 조선 영조 때 예조참의 조엄이 통신사로 일본에 다녀오면서 기록한 사행 기록이다. 다른 사행록들과 달리 사신 명칭의 변화, 조정의 통신사 예우 등 일본과의 사행 내력을 상세히 서술하고 있다. 조엄은 특히 사행에서 돌아오는 길에 대마도의 고구마를 들여와 부산진에 심게 하고 그 저장법까지도 자세히 소개한 것으로 유명하다.

『해사일기』의 상세한 기록은 당시 사행의 전모를 파악하는 데 매우 유용하다. 책의 구성에 따라 살펴보면 「수창록酬唱錄」은 자신뿐만 아니라 부사·종사관·제술관·서기·군관의 시 3백여 수를 수록하고 있으며 대부분 경치에 대한 감상을 담고 있다. 「서계書契」와 「예단禮單」은 조선 국왕이 일본에 보낸 서계와 일본 관백이 조선 국왕에게 회답한 글 열네 통, 양국 간에 주고받았던 공사 예단의 품목과 수량, 사절과 수행원에게 나누어준 명세서로 되어 있다. 「왜인과 주고받은 글」에는 조선 사행이 일본에 체재하는 동안 주로 대마도주 등과 주고받은 필담이다.

「연화筵話」는 귀국 후 왕과 함께한 자리에서 사행을 비롯해 군신 간에 있었던 대화이다. 「제문」은 해신海神·선신船神에 대한 제사와 돌아오는 길에 피살된 수행원 최천종의 제사 때 글이다. 「원역員役에게 효유曉諭한 글」은 모두 10조로서 해당 업무와 벌칙을 규정하였다. 「금약조禁約條」는 모두 15조로서 주로 밀매 행위에 대한 엄금과 조선의 문화적 우위성을 내세운 내용이 많다. 기타 「일공日供」, 「사행 명단」과 「노정기路程記」의 군령배를 타고 나갈 때 지켜야 할 계율, 「열선도列船圖」, 배의 방위를 표시한 「행로방위行路方位」는 다른 사행록에서는 보기 드문 희귀 자료다.*152

『연행가』와 쌍벽을 이루는 여행가사

『일동장유가日東壯遊歌』는 1763년 8월 계미통신사의 삼방서기로 수행한 김인겸이 이듬해 7월 8일 귀국해 보고할 때까지 11개월 동안 견문한 바를 기록한 것이다. 일본 통신사 조엄, 부사 이인배, 종사관 김상익, 제술관 남옥 외에 군관 17명, 역관 12명, 의원 3명을 비롯한 백여 명의 사행 사절과 4백 명에 달하는 역원들을 합하여 일행 5백여 명이 서울을 떠난 지 두 달 만인 10월 6일 부산항에서 승선하여 대마도와 오사카성을 거쳐 지금의 도쿄인 에도에 도착한 것은 다음해 2월 16일이다.*153

이역만리 긴 노정에 따라 곳곳에서 일어난 사건, 일본의 풍속, 외교임무의 수행 과정 등을 소상히 기록하였을 뿐 아니라 기행문의 요체가 잘 갖추어져 있어 앞서 소개한 홍순학의 『연행가』와 쌍벽을 이루는 여행가사로 평가되고 있다. *154

김인겸은 1753년 사마시에 합격하여 통신사의 서기로 발탁되기까지 고향 공주에 칩거한 선비로서 문장에 특출하였다. 이 작품은 지명·인명·일시·거리를 기록한 것은 물론 사실까지도 객관적으로 기록한 기행문으로 평가받고 있다. 국내 여정은 주로 삽화와 함께 지방의 특색을 서술하고 있으나, 일본에 대한 묘사는 객관적인 관찰과 주관적 비판을 곁들여 서술하고 있다. *155

5장
일본에 억류된 왜란 포로의 기록

'실기實記'는 작가 본인이 직접 체험한 것을 기록한 글이기 때문에 현장성과 저자의 감정을 동시에 담고 있다. 따라서 실기는 사실만을 기록한 역사서와는 전혀 다른 감동을 전하고 있다. 또한 실존 인물이 전쟁이나 사회적 의미가 있는 현장을 기록한 경우가 많은데 여기서 다루고 있는 양대 왜란 포로들의 일기들이 그 대표적인 사례다.[*156]

임진왜란은 1592년 음력 4월 13일 왜군의 부산진 침략을 시작으로 1598년 11월 울산에서 철군할 때까지의 7년 전쟁을 말한다. 임진왜란과 1597년에 일어난 정유재란은 당시 백성들에게 엄청난 고통을 안겨 주었으며 포로로 끌려가 다시는 돌아오지 못한 사람들도 많았다. 전쟁 중 왜군에게 끌려간 일부는 노예로 매매되기도 하였기 때문에 양대 왜란은 노예 전쟁이라고도 불린다. 이는 양대 왜란을 영토 확장 성격의 전쟁이 아닌 인적 수탈에 더 많은 비중을 둔 전쟁으로 보았기 때문이다. 양대 왜란 때 일본으로 잡혀간 조선인 포로들을 '피로인披擄人'이라고 불렀는데 이들의 규모에 관해서는 일본 측은 2-3만 명, 한국 측은 10만 정도로 추정하고 있어 양국 간에 큰 차이를 보인다. 이들 피로인의 상당수는 노예로 유럽 등지로 팔려 갔고, 포로송환을 위한 사신인 '쇄환사刷還使: 회답겸쇄환사'에 의해 조선으로 송환된 사람은 6천 명에서 7천5백 명 정도로 알려졌다.

왜군에게 포로로 잡혀간 조선인들은 대부분 경상도와 전라도 사람들이었다. 전쟁이 장기화하면서 일본군은 주둔지인 경상도와 전라도 일대의 학자와 도예가들을 집중적으로 납치해 일본으로 데려갔다. 특히 임진년 초기보다 정유재란 이후에 잡혀간 사람이 훨씬 더 많았다. 일본은 조선인 피로인들을 일본 규슈 지방을 중심으로 일본 전역에 분산시켰는데 이 중 학자나 도예가들은 관작, 녹봉, 토지를 주어 예우했다. 특히 조선의 도자기 제작 기술은 일본에 큰 영향을 주었다. 다도를 숭상했던 당시 일본 사람들이 다기의 대부분을 중국과 조선에서 수입했었기 때문에 이를 대체하기 위한 수단으로 조선의 도공들이 절실히 필요했었기 때문이다. 이처럼 임진왜란과 정유재란으로 일본에 잡혀간 조선 포로들은 크게 세 가지로 분류되고 있다.

첫째, 일본에 남아 영구히 거주한 경우다. 조선으로의 송환 기회를 얻지 못했거나 일본인과 결혼한 경우로서 대부분 포로가 여기에 해당한다.

둘째, 노예로 팔려 간 경우다. 일본의 노예 상인들은 왜군 장수와 결탁하여 피로인들을 포르투갈 노예 상인들에게 팔아넘겼다. 다음은 당시 일본과 마카오를 담당하던 루이스 세르꾸에이라 천주교 신부가 1598년에 쓴 당시의 조선인 납치와 매매에 관한 실상이다.

> 나가사키 항구 인근의 일본 사람들은 조선인 포로를 포르투갈 상인들에게 팔아넘기기 위해 조선 피로인들을 사려고 일본의 여러 지역으로 돌아다녔다. 이뿐만 아니라, 조선인들을 직접 포획하기 위해 조선으로 건너가기도 했다. 일본인들은 조선인들의 포획과정에서 많은 사람을 잔인하게 죽였고, 중국 배를 이용해 조선인들을 포르투갈 상인들에게 팔아넘기기도 하였다.

당시 일본군 승려로서 전쟁에 참가한 게이넨도 1597년 11월 19일 자 「조선일일기」를 통해 부산에서 목격한 노예 포획 현장의 참혹한 실상을 다음과 같이 적고 있다.

> 일본으로부터 수많은 상인이 왔는데, 그중에는 인신매매 상인들도 섞여 있었다. 이들은 남녀노약을 사서 새끼줄로 목을 얽어 운송하였는데, 말을 듣지 않을 때 채찍으로 매질하는 광경은 마치 원숭이 떼를 엮어서 걷게 하는 것이나 소나 말을 다루는 것과 같은 모습이어서 차마 눈 뜨고 볼 수가 없었다.

화가 루벤스의 초상화 주인공으로 알려진 안토니오 코레아 역시 임진왜란 당시 일본에 포로로 잡혀갔다가 『나의 세계여행기』로 유명한 피렌체 상인 프란체스코 카를레티에게 노예로 팔려간다. 그리고 인도와 네덜란드를 거쳐 로마까지 가게 된 최초의 조선인으로 알려져 있다.

셋째, 포로 송환의 임무를 맡은 쇄환사들을 통하거나 탈출을 감행하여 조선으로 귀환하게 된 경우이다. 이들 가운데는 여러 번 탈출을 시도하다 실패하여 목숨을 잃은 경우도 있었지만, 상소 등을 통해 일본의 정세를 조선에 알리려고 남다른 노력을 기울인 이들도 있었다. 강항을 비롯하여

노인, 정희득, 정경득, 정호인이 바로 그들이다.[*157]

수은 강항은 『간양록』, 금계 노인은 『금계일기』, 월봉 정희득은 『월봉해상록』, 호산 정경득은 『만사록』, 양계 정호인은 『정유피란기』를 각각 남겼다. 이들은 저술을 통해 전쟁의 참혹함을 기록으로 남김으로써 후손들이 같은 경험을 되풀이하지 않도록 대비하고자 하였다. 따라서 이들이 남긴 실기는 신변잡기 수준을 넘어 당시 조선 포로들의 실상뿐 아니라 일본의 정세와 풍속을 상세히 기록하고 있어 귀중한 사료로 평가되고 있다. 특히 강항은 포로의 신분임에도 불구하고 일본을 적극적으로 탐색한 것으로 유명하다. 그 결과 그의 실기인 『간양록』에는 일본에 대한 다양한 정보는 물론 일본에 대한 대비책까지 제시되어 있다.

강항과 정희득이 일본의 허락을 얻어 고국으로 돌아온 반면, 노인의 탈출은 목숨을 건 것이었다. 그래서 노인의 『금계일기』에는 이러한 탈출 과정이 생생하게 서술되어 있다. 또한 조선으로 바로 가지 않고 중국을 거쳐 탈출함으로써 왜란 포로들의 실기 중 유일하게 중국에서의 생활도 기록하고 있다.[*158] 한편 신유한은 『해유록』에서 일본에서 『해사록』, 『징비록』, 『간양록』이 출간된 것에 대해 국가의 기강이 해이해진 것이라며 크게 통탄해 하고 있다.[*159]

중국을 거쳐 일본을 탈출한 기록

『금계일기錦溪日記』는 1597년 임진왜란 당시 의병으로 참가한 노인이 일본에 포로로 끌려간 후 중국 사람과 함께 탈출하여 명나라를 거쳐 귀국하기까지의 기록이다. 금계가 호인 노인이 죽은 지 약 200년 뒤에 후손들이 그의 일기와 시문을 엮어 『금계집錦溪集』을 간행하였는데 여기에 『금계일기』도 함께 수록되어 있다.

전라도 나주 출신인 노인은 1592년에 임진왜란이 일어나자 광주목사 권율의 휘하에 들어가 참전하였다. 1597년 8월 남원성이 함락되자 그는 왜군의 동정을 살피다가 적탄

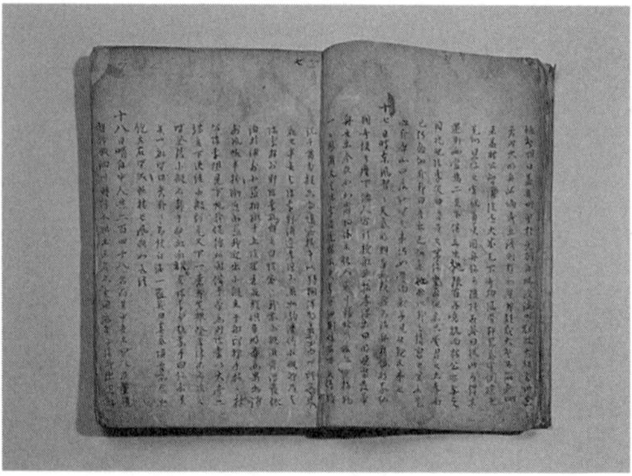

『금계일기』, 문화재청(국립진주박물관 소장).

에 맞아 일본에 잡혀갔다. 노인은 일본의 사누키지역에 억류되었는데 한 차례 배를 타고 탈출하려다 실패한 후 이즈미 지역으로 이송되었다. 노인은 이곳에서 만난 명나라 관료였던 진병산과 이원징의 도움을 받아 1599년 3월 17일 탈출에 성공하여 중국 복건성에 도착했다. 그는 중국에 도착한 후 네 차례에 걸쳐 송환을 요청하는 '최귀문催歸文'을 쓴 후 5월 10일에서야 가을이 되면 귀환시켜 주겠다는 회답을 받았다. 이후 그는 연경을 거쳐 1600년 1월에 한양으로 돌아왔다.

『금계일기』는 1599년 3월 21일부터 6월 27일까지 4개월 7일간의 기록으로 노인이 일본에서 포로로 지낸 2년 5개월의 경험 중 4개월여의 실기만을 담고 있다. 그러나 강항, 정경득, 정희득 등이 일본의 허락으로 조선에 돌아온 경우와 달리 노인은 탈출해서 돌아온 것이기 때문에 탈출의 극적인 과정과 중국에서의 체험은 『금계일기』에서만 볼 수 있다.[*160]

일본의 기밀을 상세히 담다

『간양록看羊錄』은 형조좌랑을 역임한 강항이 선조 30년인

1597년 9월에서 1600년 5월까지 햇수로 4년에 걸친 일본에서의 포로 생활을 기록한 것으로 일본의 내정, 국토의 특징, 정세 등을 상세하게 적고 있다. 강항은 원래 이 책의 제목을 죄인이 타는 수레란 뜻의 『건거록巾車錄』이라 하였으나 권필이 강항의 절개를 칭송한 시구인 「절위간양락節爲看羊落」을 후학인 윤순거가 차용하여 『간양록』이라고 개명한 것이다.

강항이 휴가로 고향인 전라도 영광에 머물던 1597년 정유재란이 터졌다. 원균이 칠천량 해전에서 대패하면서 남원이 함락되자 강항은 고향에서 종사관 김상준과 함께 의병을 일으켰다. 하지만 영광마저 함락되자 식솔을 거느리고 피난길에 올라 이순신에게로 가려다가 지금의 전라남도 영광군 염산면의 논잠 포구에서 왜군에게 포위되었다. 강항은 식솔과 함께 바다로 뛰어들었지만 얕은 수심 때문에 왜군에게 건져지고 그 와중에 아들과 첩이 낳은 딸을 잃었다. 포로로 잡힌 강항 일가는 순천에서 탈출을 시도했으나 실패하고 그의 나이 서른에 일본으로 압송된다.

일본에 압송된 강항은 그곳에서 승려 요시히토와의 교류를 통해 일본의 역사와 지리 등을 파악하여 「적중견문록賊中見聞錄」으로 엮어 이를 몰래 본국으로 보내기도 했다. 이후 강항은 교토에서 도망쳐 온 조선인 포로와 함께 5월 25

일 밤에 지금의 야쿠시타니 계곡에서 한 노승의 도움을 받아 탈출을 시도하던 중 왜군에게 다시 잡혀갔다. 이후 수도인 교토로 이송되어 후지와라 세이카, 아카마쓰 히로미치 등에게 성리학을 가르쳤는데 이것이 인연이 되어 후지와라는 후일 일본 주자학의 개종 조사가 된다.

당시 강항은 글씨를 팔아 조선으로 돌아갈 배를 구입하기 위해 후지와라에게 글씨를 써 주게 되었다고 한다. 그러나 주자학에 대한 후지와라의 열의에 감탄해 그에게 성리학을 가르쳐 주게 되었다. 일본 막부의 귀화 요청을 거부한 채 억류생활을 하던 강항은 1600년에 두 제자의 도움을 받아 가족과 함께 마침내 귀국길에 올랐다. 일본에 억류된 지 2년 8개월 만의 일이었다.

『간양록』은 비록 포로의 신분이기는 하지만 일본에서 2년 8개월간을 체류하면서 기밀에 속하는 많은 자료를 염탐하고 수집하여 쓴 것이기에 군사와 지리적으로 그 가치가 매우 높다. 이 중 「적중견문록」은 제목에서 알 수 있듯이 일본에서 보고 들은 것을 기록한 것이다. 「고부인격告俘人檄」은 포로들에게 당부하는 글로 일본을 비판하는 한편 임금의 은혜에 대해 강조하고 있다. 「예승정원계사詣承政院啓辭」는 승정원의 요구에 따라 쓴 것으로 일본의 사정에 대해 적고 있다. 가장 문학성이 높은 작품으로 평가되고 있는 「섭난사적涉亂事迹」은 포로생활의 체험을 일기체로 기술한 글로 피란 상황과 함께 강항의 개인적인 심정을 기록하고 있다.

특히 「적중봉소」와 「적중문견록」에는 임진왜란과 정유재란에 참가한 왜장의 목록, 도요토미 히데요시의 사망과 이후 일본의 정세 변화 등이 상세하게 정리되어 있으며 왜군 장수들에 관해서는 장수들 간의 대립관계까지도 구체적으로 기록하고 있다. 또한 조선의 군사 제도, 성읍, 연해 지역 방비 등을 일본의 그것들과 상호 비교하여 문제점을 지적하고 그 대안까지도 제시하고 있다. 일본의 정세를 비롯하여 군사 조직까지도 정리한 것은 조선이 일본과 전쟁을 다시 하게 될 경우를 대비하기 위한 것이었다.

임진왜란 와중에 일본으로 끌려간 조선인 포로 중에는 전문적인 기능을 갖춘 장인이나 일반 백성들과 함께 양반들도 많았다. 그렇지만 양반을 제외한 나머지 사람들은 그들의 체험을 남길 방법이 없었기 때문에 『간양록』은 강항 개인의 체험기일 뿐만 아니라 조선 포로들의 생활상을 대변하고 있는 공동 체험기이기도 하다.

『간양록』에 포함된 '시'는 임금에 대한 일편단심과 함께 하루라도 빨리 고국에 돌아가고 싶은 심정과 자신의 처지에 대한 부끄러움도 감추지 않고 있다. 강항이 느끼는 부끄러움은 전쟁터에서 떳떳하게 죽지 못하고 구차하게 포로로 살아남아 감내하고 있는 치욕을 말하는 것이다. 그는 이것을 임금에 대한 신하의 도리를 다하지 못한 것으로 여겨 이 글의 제목을 죄인이 타는 수레라는 뜻의 「건거록巾車錄」이라고 명명하기도 했다.

금장의 명부가 일본에 떨어지니
머나먼 천리 길 바람 편에 맡겼다오
대궐의 소식은 큰 파도 넘어 아득한데
학발의 모습은 꿈속에 희미하도다
두 눈은 일월 보기 부끄러운데
일편단심 옛 조정만 기억되누나
강남이라 방초시절 뭇 꾀꼬리 요란한데
우공을 돌려보낼 빠른 배가 있을는지

비록 포로의 신분으로 일본을 다녀왔지만, 이는 당시의 사대부에게는 흔치 않은 해외 체험이었다. 임란 이전에도 통신사들이 일본을 다녀와 기록을 남겼지만, 통신사들의 기록은 제한적 관찰을 바탕으로 한 것이어서 의례적일 수밖에 없었다. 이에 비해 강항의 일본 체험은 일본의 현실을 있는 그대로 바라본 것은 물론 주자학이 일본에 뿌리내릴 수 있도록 도와줌으로써 조선 문명의 우월성을 과시했다는 측면이 있다.

『간양록』은 당시의 일본 견문록 중에서는 비교적 상세하고 체계적으로 그 내용이 서술되어 있어 조선 후기 지식인들이 이를 많이 인용하고 있다. 또한 일본에서 번역되기도 했는데 1719년에 조선통신사로 일본에 간 신유한은 이 책이 오사카에서 발간된 것을 두고 적에게 기밀이 제공된 것이라며 안타까워했었다.*161

포로로 잡힌 기록

『월봉해상록月峯海上錄』은 임진왜란 당시 정희득이 지은 포로 실기다. 정희득은 1613년 포로로서의 일본 체험을 기록하고 이를 『만사록萬死錄』이라 하였는데 나중에 그의 후손인 정덕휴가 『월봉해상록』으로 바꾸었다. 기록은 정희득이 피란을 떠나는 날부터 고향에 돌아오기까지의 전 과정을 담고 있어 일본 체험과 관련한 모든 노정을 살펴볼 수 있다.

전라남도 함평 사람이던 정희득은 1597년 일본 침략 때 가족과 친척이 함께 뱃길로 피난을 떠났다가 1597년 9월 27일에 왜군에게 잡혔다. 잡힐 때, 어머니와 형수, 아내와 누이동생이 바다에 빠져 자결하였는데 정희득 형제 등은 왜군에게 먼저 제압당해 묶여 있는 상태라 이를 보고도 아무것도 할 수가 없었다. 함께 잡혔던 아버지와 두 아이는 왜군이 놓아 주고 정희득은 형 정경득, 친척 정호인 등과 함께 일본 도쿠시마성으로 납치되었다. 다행히도 정희득은 영주의 권한을 대신하던 자의 우대를 받아 시문을 주고받는 등 교류를 했고, 그의 도움으로 1598년 11월 22일에 도쿠시마를 떠나 12월 23일에 대마도에 도착하였다. 그러나 대마도주가 정희득을 억류하여 6개월 동안 대마도에 머물렀다. 정희득은 1599년 6월 17일에 대마도를 출발하여 6월 29일에 부산에 도착한 후 7월에 고향 함평으로 돌아갔다.*162

책은 「소疏」, 「풍토기」, 「해상일록海上日錄」, 「시」로 구성되어 있다. 그중 「소」는 부산에 도착한 후 조정에 올린 상소문으로 저자가 납치되었을 때부터 고국으로 돌아오기까지의 상황과 일본의 정세 등을 기록하고 있다. 「풍토기」는 일본의 지리, 역사, 풍속 등을 담고 있다. 일기 형식의 실기인 「해상일록」은 피난을 떠나던 날인 1597년 8월 12일부터 고향에 돌아와 장모와 아이를 만나던 날인 1599년 7월 28일까지를 기록하고 있다. 4백여 수가 실려 있는 「시」는 포로생활 중의 감정을 솔직하게 표현하고 있다.

17세기 베트남에 한류를 전하다

이수광의 『지봉유설』에 수록된 「조완벽전趙完璧傳」은 정유재란 시 포로로 잡혀간 조완벽의 이야기로 지금의 베트남인 안남까지의 여행과 일본에서의 포로 생활을 적고 있다. 조완벽은 1597년 포로로 잡혀가 1607년 조선으로 돌아올 때까지 10여 년간의 포로생활 중 일본 상선의 통역으로 안남까지 여행하게 된다. 이를 기록한 「조완벽전」은 17세기 초반 조선과 안남, 안남과 일본의 교류사와 함께 안남의 사회상을 알려 주고 있는 귀중한 자료로 평가되고 있다.*163

1597년 정유재란 때 생원시에 합격하고 문과 급제를 꿈꾸던 스무 살의 조완벽은 경남 진주에서 왜군에 잡혀 일본으로 끌려갔다. 그는 다른 조선인 포로들처럼 일본에서 노예생활을 했으나 한문에 능통하다는 것이 알려지면서 교토의 무역 상인에게 팔려갔다. 유구오키나와, 여송필리핀, 안남베트남 등지를 돌며 해상무역을 하던 일본 상인이 현지인과의 필담을 위해 한학이 뛰어난 조완벽의 능력이 필요했기 때문이었다. 이로 인해 조완벽은 세 차례에 걸쳐 베트남 등 동남아를 돌며 특이한 경험을 하게 된다.[*164]

조완벽이 지금의 베트남인 안남에 도착하자 그곳의 고관과 유생들은 집에 초대하여 좋은 음식으로 대접했다. 고관과 유생들은 이때 조선 선비 이수광의 시를 보여 주며 베트남 유생들이 이를 공부하고 있다고 알려 주었다. 그 덕분에 좋은 대접을 받게 되었던 조완벽은 조선에 돌아와 친구 김윤안에게 이런 사실을 전했는데 이 얘기가 마침내 이수광의 귀에까지 들어가게 되었다.

이수광은 1597년 사신으로 연경에 갔을 때, 안남 사신 풍극관과 같은 숙소에서 50여 일간 머물며 필담으로 시를 주고받은 적이 있었다. 이때 써 준 시가 멀리 베트남에까지 소개되어 유행하고 있었다.[*165] 이를테면 지금의 한류가 당시의 베트남에서도 풍미하고 있었던 셈이다.

세 번째 안남 방문을 마치고 돌아와 일본 교토에 체류하고 있던 조완벽은 쇄환사 여우길을 만나 1607년에 귀국할 수 있었다. 고향에 돌아온 조완벽은 자신의 경험을 친구 김윤안에게 전했고, 김윤안은 정사신에게, 정사신은 이수광에게 이를 전해 『지봉유설』의 이문편에 「조완벽전」이 실릴 수 있게 되었다.[*166]

6장

외국인들의 한반도 기행

한반도는 예상보다 많은 외국인이 찾았다. 멀리 삼국시대부터 아라비아 상인들을 비롯하여 중동, 인도, 동남아 사람들이 다양한 동기와 경로를 통해 한반도에 왔다. 기록에 나타난 것은 아니지만, 제주도에는 석가모니의 여섯째 제자인 발타라 존자에 의한 불교의 남방 전래 흔적과 그 지명이 한라산 여기저기에 남아 있고 김해 앞바다의 망산도는 국적에 관해 논란이 많기는 하지만 인도 아유타국의 공주였던 허황옥이 김수로왕의 왕비가 되게 된 사연을 품고 있기도 하다. 허황옥에 관한 이야기는 삼국유사에도 실려 전해지고 있으므로 기록상으로만 보면 허황옥은 한반도를 여행한 최초의 외국인으로 볼 수 있다.

바닷속 무덤인 신라 문무왕의 비문에는 투후 김일제가 신라 김씨 왕족의 조상으로 기록되어 있다. 중국 역사서에 흉노족으로 기록되어 있는 김일제는 문무왕 묘지명과 중국 서안의 신라인 묘비에도 각각 김씨 왕족의 시조로 기록되어 있다.

신라 처용가의 주인공인 처용 역시 아랍인으로 추정되고 있으며 1123년에 고려를 다녀간 송나라 사신 서긍은 한 달 남짓의 개경 체류 견문을 바탕으로 한반도 견문기 겸 여행기인 『고려도경』을 저술하였다.

고려의 수도 개경으로부터 30리 정도 떨어진 예성강 하구에 있었던 벽란도는 송나라 사람들은 물론 베트남, 태국 그리고 아리비아 상인들까지 다양한 나라 사람들이 일 년 내내 붐비고 있었던 것으로 추측되고 있다.

그리고 원나라 침략으로 고려가 몽골의 부마국이 되면서 원나라 공주 등 여덟 명이 고려의 왕들에게 시집오기도 하였다. 공주가 시집왔으니 당연히 공주를 둘러싼 많은 복속도 함께 따라오게 되어 이때부터 고려에는 족도리와 연지곤지 등의 몽골 풍습도 유행하게 되었다.

외국인들이 전쟁이나 망명을 통해 한반도에 귀착하면서 이들을 조상으로 하는 성씨도 생겨났다. 몽골인 덕수 장씨,

위구르인 경주 설씨, 베트남 귀화인인 화산 이씨와 정선 이씨 등이 바로 그들이다.

유민들도 한반도로 많이 흘러들어 왔다. 조선왕조실록에 의하면 북방 유목민족의 후예인 백정이 고려 때부터 한반도로 흘러들어와 조선 초기 인구의 삼분지 일 내지 사분지 일을 차지할 정도였다고 했다. 이들 뿐만 아니라 몽골인의 후예인 달단도 고려와 원나라 간의 강화 이후 몽골의 관리와 그 시종, 군인과 군속, 목동 등의 신분으로 상당수가 한반도에 들어와 정착했다.*167 이 밖에 명나라와 청나라 교체기의 중국인 유민들의 한반도 유입, 위만 일행의 조선 진입, 여진족인 만주족들의 고려 편입, 왜인들의 한반도 남부인 삼한 남부 정착, 신라와 조선에 걸친 회회인인 무슬림들의 한반도 정착 등 외국인들의 한반도 편입도 시대를 불문하고 끊임없이 이루어져 왔다.

조선 중엽까지는 한반도 인근 지역의 동양 사람들이 주로 한반도를 찾아온 것에 반해 일본 나가사키의 네덜란드 상관인 데지마로 가려던 동인도회사의 선박 스페르베르호가 난파되어 제주도에 표류하면서 은둔의 나라 조선이 드디어 유럽에까지 알려지는 계기가 되었다. 난파된 스페르베르호의 서기였던 하멜이 조선에서의 억류 경험을 보고서로 썼는데 네덜란드의 한 출판사가 이를 출간함으로써 한반도의 존재가 유럽에 알려지게 된 것이다.

1666년에 우리 땅을 밟은 하멜 일행이 최초의 서양 사람들은 아닐지라도 하멜은 우리나라를 상세하게 기록하여 서방에 알린 최초의 서양 사람으로 여겨지고 있다. 그러나 하멜 일행보다 40여 년 앞선 1627년에 같은 네덜란드 사람인 얀 얀스 벨테브레이와 그 일행 두 명이 조선의 근해에 표류하게 된다. 바로 박연이라는 이름으로 우리에게 알려진 인물이다. 그러나 박연은 조선 여인과 결혼하여 아이까지 낳고 조선에 귀화하여 조선에서 사망하였기 때문에 서방에 조선의 존재를 알릴 수는 없었다.

한반도 불교의 남방 전래 흔적

우리나라의 불교사찰을 순례하다 보면 한결같이 명당에 있어 탄성을 자아내게 한다. 사찰의 진입로와 인접환경 역시 적송들이 군락을 이루고 있어 그 아름다움을 더해 주고 있다. 전국의 유명 불교 사찰이 모두 명당에 자리하고 있지만, 그중에서도 명당 중의 명당은 '적멸보궁寂滅寶宮'으로 특히 오대산 월정사의 적멸보궁은 좌청룡 우백호의 중대봉우리 끝에 있어 우리나라 최고의 명당으로 꼽히고 있다.

적멸보궁은 석가모니의 진실사리를 모신 전각을 말하며 우리나라에는 신라의 승려 자장이 당나라에서 돌아올 때 가져온 부처의 사리와 정골을 나누어 봉안한 5대 적멸보궁이 있다. 양산 통도사, 강원도 오대산 중대의 월정사, 설악산 봉정암, 태백산 정암사, 사자산 법흥사의 적멸보궁이 그것들이다. 그런데 제주도 한라산 중턱의 영실에 존자암이라는 작은 암자가 복원되며 이곳이 우리나라 최초의 적멸보궁이 되었다.

1937년 조선일보사의 '전국산악순례사업'의 목적으로 한라산을 등반한 시인 이은상은 그의 저서 『탐라기행 한라산』에서 영실은 한라산의 만물상으로 그 구도와 모양이 금강산의 만물상과 다름이 없어 오백장군이라는 별호로 불리어지고 있는 한편, 석가모니의 여섯째 제자인 발타라존자의 상주처라 하여 석라한이라는 명칭으로도 불리고 있다고 기술한다.

영실 동부의 기암은 수행동이라는 이름으로도 불려 오고 있고 존자암 뒤편의 봉우리는 '불래오름'이라는 지명을 가지고 있어 이 지역이 불교와 밀접하게 관련되어 있음을 말해 주고 있다. 한라산 역시 나한들이 살았던 산이라 하여 나한산으로 불려 오다가 조선 시대의 억불숭유정책으로 한라산으로 바뀌게 되었다는 주장도 설득력 있게 들린다.

『법주기』*주에 의하면 석가모니의 제자들인 16존자들은 석가모니 사후 불교의 전교를 위해 아시아 전역으로 흩어지게 되는데 그중 여섯 번째 제자인 발타라 존자는 나한들을 이끌고 탐몰라 주에 상주한다는 기록이 있다. 『법주기』에 기록된 탐몰라 주는 제주의 다른 이름인 '탐라耽羅'와 합치되고 있어 영실 동부의 기암들이 석라한이라고 불리고 있는 것을 뒷받침하고 있다. 이런 점들로 미루어 한라산은 한국 불교의 대륙 전래 이전에 남방 해양을 통한 전래와 깊은 인연이 있는 것으로 짐작된다.

한라산에서 발타라 존자가 생존한 연대는 석가모니가 열반한 것이 기원전 486년이고 석가모니 제자들은 석가모니 사후에 흩어졌을 것이므로 적어도 2천 5백여 년 전의 일일 것이다. 그런데 우리나라에 불교가 전해진 기록은 기원 372년인 고구려 소수림왕 2년에 전진에서 들어온 것으로 되어 있고 백제에는 침류왕 1년인 384년에 진에서 들어왔다는

*주 난제밀다라(難提蜜多羅)가 설법한 『법주기(法住記)』에 부처가 열반한 후 불법을 유지·보호하는 16명의 아라한 이름과 그들이 사는 곳이 소개되어 있는데 발타라 존자와 탐몰라가 이곳에 등장한다.

기록이 있으므로 탐라국은 고구려나 백제의 경우보다 850여 년 전에 이미 불교국이었다는 말이 된다.

최초의 한반도 여행자

김해 앞바다인 진해시 용원동에 망산도라는 섬이 있다. 거북 등을 닮은 바위만 애처로이 남아 있지만, 이 섬은 가야국 시조 김수로왕의 왕비 '허황옥許黃玉'이 이 땅에 첫발을 내디딘 곳으로 알려진 역사의 현장이다. 공식적으로 우리나라에 불교가 처음 전래된 것은 고구려 소수림왕 2년인 372년인데 『삼국유사』의 「가락국기」는 이보다 앞서 김수로왕이 불교국가인 중인도의 아유타국에서 배를 타고 온 공주 허황옥과 혼인했다는 설화를 전하고 있다.*168 다음은 「가락국기」의 일부를 옮긴 것이다.

> 서기 48년 신하 구간 등이 조회 때 왕께 말씀을 올렸다. '대왕께서 강림하신 후로 좋은 짝을 아직 얻지 못하셨습니다. 신들의 딸 중에서 제일 훌륭한 처자를 뽑아 궁궐로 들여 배필로 삼으시지요.' 이에 왕이 답했다. '짐이 이곳에 내려온은 하늘의 명이었다. 왕후를 맞는 것 또한 하늘의 명이 있을 것이니 그대들은 염려하

지 말라.' 그리고는 신하에게 가벼운 배와 날랜 말을 주어 망산도로 가서 기다리게 하니, 배 한 척이 바다 서남쪽으로부터 붉은 돛과 기를 휘날리면서 북쪽으로 다가오고 있는 것이었다.

그 안에 있던 사람들을 모시고 궁궐로 가고자 하나, 배 안에 있던 여인은 어찌 모르는 이를 경솔하게 따라가겠느냐며 지체했다. 이 말을 전해 들은 수로왕은 직접 대궐에서 서남쪽으로 60보 되는 곳의 산언저리에 장막을 치고 기다렸다. 그제서야 별포의 나루터에 배를 댄 여인이 육지에 올라 높은 언덕에서 쉬며 자기가 입었던 비단 바지를 벗어 산신령에게 폐백으로 바친 후 비로소 수로왕이 기다리고 있는 곳으로 가까이 오자 왕은 나아가 맞이하여 장막 궁전으로 함께 들었다.

왕과 왕후가 침전에 들게 되자 왕후가 조용히 왕에게 말하였다. '저는 아유타국(阿踰陁國)*주의 공주입니다. 성은 허라 하고 이름은 황옥이며, 나이는 열여섯 살입니다. 본국에 있을 때 부모님께서 말씀하시길 어젯밤 꿈을 꾸었는데, 상제께서 가락국왕 수로를 하늘이 내려 왕위에 오르게 하였으나 새로 나라를 다스림

---

*주 현장의 『대당서역기』는 '아유타국은 중인도 6개국의 하나로 곡식, 꽃, 열매가 풍성하고 기후는 온화하고 풍속은 선량하고 순박하며 복덕을 짓는 것을 좋아하고 학문과 기예를 배우는 것을 좋아한다'고 기술하고 있다. 또한 '가람 100여 곳에 승려 3천 명이 대승과 소승을 함께 공부하고 익히고 있으며 이슬람교 사원은 열 곳이 있지만, 이교도들은 거의 없다' 라고 적고 있다. (김규현 2013)

에 있어 아직 배필을 정하지 못하였으니 그대들은 공주를 보내어 수로의 배필로 삼게 하라는 소리를 들었다고 합니다. 꿈에서 깬 제게도 너는 이 자리에서 곧 부모와 작별하고 가락국을 향해 떠나라는 상제의 소리가 쟁쟁하게 들려와 이곳까지 오게 되었다'고 하였다.

수로왕 또한 '나는 나면서부터 신성하여 공주가 먼 곳으로부터 올 줄 먼저 알고 있었기에 신하들로부터 왕비를 맞이하자는 간청이 있었으나 굳이 따르지 않았다'고 하며 허 황옥과 혼인을 하였다는 것이다. 결혼 후 140년을 해로한 수로왕과 허 황옥 왕비 사이에는 아들 열 명과 딸 둘이 있었는데 둘째 아들과 셋째 아들은 왕비와 같은 성인 허 씨를 따르게 하여 이들이 바로 김해 허 씨의 시조가 된 것이다.

허황옥의 국적에 관해서는 인도 갠지스강 중류의 불교 국가인 아요디아에서 왔다는 설, 아요디아에서 중국 사천성 보주를 거쳐 양자강 하구에서 서해를 건너온 일족이라는 설, 태국 북부 도시인 아유타와 관련이 있다는 설, 일본 규슈에서 왔다는 설 등 다양하나 인도인이라는 설이 지배적이다. 허황옥이 어디에서 왔든 그녀는 기록상으로 바다를 건너 한반도로 여행한 최초의 외국인이라고 볼 수 있다.

야사이기는 하지만 허황옥은 불교국가 출신이기 때문에 한반도에 불교를 최초로 전해 준 여인으로 전해진다. 이뿐만 아니라 200년경에는 허황옥의 딸인 묘견공주를 통해 불교가 일본 규슈까지 전래되었다. 이는 일본이 백제로부터 불교를 공식적으로 받아들인 사실보다 250년이나 앞선 것이다. 묘견공주는 불교와 함께 차의 씨앗과 부채도 일본으로 전해 주었다고 한다.*169 허황옥 외에 삼국시대의 외국인 왕비로는 고구려 유리왕의 계비였던 한나라 여인 치희稚姬가 있었다.*170 치희는 우리나라 가사문학의 시초로 알려진 '황조가黃鳥歌'와 관련된 것으로도 유명하다.

훨훨 나는 저 꾀꼬리 翩翩黃鳥
암수 서로 정답구나 雌雄相依
외로워라 이 내 몸은 念我之獨
뉘와 함께 노닐까나 誰其與歸

백제에 불교를 전한 인도 승려

삼국유사, 삼국사기, 해동고승전 등에 따르면 한반도에서 불교를 공식적으로 처음 받아들인 나라는 고구려다. 소수림왕 2년인 372년 전진왕 부견이 순도를 시켜 불상과 불경을 고구려에 전하였다. 384년에는 중국에서 백제로, 5세기에 고구려 묵호자에 의해 신라로, 6세기에는 백제의 노리사치계에 의해 일본으로 전파되었다. 초기 고구려에 전해진 불교는 기복 신앙의 성격이 매우 강했다. 고구려는 이런 불교의 전래로 당시에 난무하던 토속 신앙들은 점차 불교로 통합되어 갔다. 더욱이 왕권 강화를 목적으로 왕실에서도 적극적으로 수용하였다.

백제의 경우 신라와는 달리 불교가 중국에서 직수입되었다. 백제에 불교를 전한 사람은 인도의 승려 마라난타摩羅難陀로 그는 중국 진나라를 거쳐 우리나라로 들어왔다. 그가 불교 전파를 위해 첫발을 내디딘 전라남도 영광의 법성포法聖浦는 '불법을 전수한 성스러운 포구'라는 의미가 있다. 법성포의 유래를 보면 마라난타에 의하여 불교가 이곳에 전해지면서 아미타 정토 신앙이 시작되었다. 그래서 포구 이름도 나무아미타불을 상징하는 '아무포'가 되었다가 이후 고려 초에는 극락세계를 상징하는 연꽃과 같다 하여 '부용포'로 개명되었다. 다시 고려 중엽에 이르러 불법을 가진 성인이 들어온 곳이라 하여 법성포로 불리게 되었다.

신라 김씨 왕가의 시조는 흉노족 왕자

바닷속 왕릉인 신라 문무왕의 묘지명에는 투후 김일제가 신라 김씨 왕족의 조상으로 기록되어 있다. 중국 역사서에 따르면 김일제는 흉노족이다. 흉노족 김일제는 문무왕 묘지명과 중국 서안 당나라 시대 신라인 묘비에 모두 김씨 왕족의 시조로 기록되어 있다. 현재 중국 서안의 비림박물관의 수장고에 있는 〈대당고김씨부인묘명大唐故金氏夫人墓銘〉의 복사본에서 확인할 수 있다. 여기서 중국 서안의 비림은 중국의 유명한 비석들을 모아 놓은 곳이다.*171

중국 변방의 유목민이던 흉노가 역사에 등장한 것은 기원전 3세기다. 진나라는 중국 북방 초원의 강력한 지배자였던 흉노를 몰아내고 만리장성을 구축했다. 그러자 흉노는 대치하던 유방의 한나라와 화친하고 형제의 나라가 된다. 이러한 화친의 하나로 한나라는 공주들을 흉노족에게 시집보내야 했는데 그중의 한 사람이 바로 '춘래불사춘'으로 유명한 왕소군이다. 한나라 원제는 흉노족의 선우 호한야에게 공주를 시집보내야 하는 상황에 부닥치게 되자 공주 대신 궁녀 왕소군을 공주로 속여 결혼시켰다. 후대의 당나라 시인 동방규는 오랑캐 땅에서 외로움을 달래던 왕소군의 심정을 '호지무화초胡地無花草 춘래불사춘春來不似春'이라는 유

투후 김일제 묘지명, 권덕영 부산외대 교수 촬영.

명한 시로 대변했다. '오랑캐 땅에는 꽃도 풀도 없으니 봄이 와도 봄 같지 않구나'라는 의미로 오늘날까지도 전해지고 있다.

안장도 하지 않은 말을 타고 초원을 질주하는 흉노족은 농민이 주축이었던 한나라 사람들에게는 공포의 대상이었다. 한 무제는 이런 흉노족을 퇴치하기 위해 장건을 파견하였지만 장건은 오히려 흉노족에게 잡혀 뜻을 이루지 못했다. 그렇지만 10여 년의 포로 생활 끝에 돌아온 장건의 정보를 토대로 한 무제는 마침내 흉노의 번왕이었던 휴도왕을 살해하고 그의 아들 김일제를 노예로 삼아 데려왔다. 하지만 남다른 능력의 김일제는 한 무제에게 발탁되어 한 나라를 위해 일생을 헌신하게 되고 한 무제는 그 공로를 인정하여 김일제에게 투후라는 작위를 내려 그의 공을 기렸다.*172

초기부터 박, 석, 김이 돌아가며 차지하던 신라의 왕권은 17대 내물왕 때부터 김씨가 독점하게 된다. 이들 신라 김씨 왕족의 시조는 김알지다. 숲 한가운데 닭 우는 소리가 들려 찾아보니 나무 위에 금으로 만든 상자가 걸려 있었고 그 속에서 김알지가 나왔다는 것이 김알지의 탄생설화다. 내물왕은 그 이전에 사용하던 연장자라는 의미의 이사금을 폐하고 왕이라는 의미의 북방 용어인 마립간을 사용했다. 여기서 나무, 금, 간 모두 북방 민족과 관련된 용어다.

내물왕은 382년 사신 위드를 고구려에 불교를 전해 준 전진에 파견하기도 하였다. 중국의 사서 『태평어람太平御覽』에는 사신 위드가 신라의 시대변혁, 명호개역名號改易을 하였음을 분명히 하고 있는데 이는 새로운 권력인 내물왕에 의해 신라의 모든 체제가 바뀌었음을 의미하고 있다. 내물왕릉으로 추정되는 경주의 황남대총에서는 황금 장신구로 장식된 금관이 출토되었는데 이것 역시 이동의 용이성을 중시하는 유목민이 금을 숭상하는 이유와 무관치 않다고 알려졌다.

313년 고구려의 공격으로 멸망한 낙랑의 유민들은 한반도 남쪽으로 이동했을 것으로 추정되고 있다. 신라 내물왕의 즉위는 356년이니 흉노 왕자 김일제의 후예들이 낙랑으로 유입되었고 낙랑의 유민들이 신라로 들어와 김씨 왕족을 이룬 것이라는 추정이 가능할 수도 있다. 경주 황남대총의 금관, 낙랑 출토 금제허리띠 장식 등의 유물들이 흉노의 것들과 매우 유사하다는 것도 이를 뒷받침하고 있다.

초원을 개척하고 그 초원을 삶의 터전으로 삼아 온 흉노를 비롯한 유목민들 덕택에 중앙아시아 지역의 실크로드가 생성될 수 있었다. 실크로드와 유목민들은 고대와 중세에서 중국, 인도의 동양 문명과 페르시아, 유럽의 서양 문명을 연결하는 가교 구실을 해 왔다. 이처럼 실크로드를 이용한 유목민들의 이동은 문무왕의 수중 능에서 흉노족 왕자의 이름이 발견되는 이유이기도 하다.

아랍인으로 추정되는 처용

일연의 『삼국유사』에 따르면 신라 49대 헌강왕 때는 모두가 기와집에 살며 길가에는 음악과 노랫소리가 끊이질 않았고 비와 바람마저 농사를 도와 풍요를 구가하는 태평성대였다. 헌강왕은 어느 날 현재의 울주에 소재한 개운포로 놀러 나갔다가 그만 구름과 안개 때문에 길을 잃게 되었다. 왕은 동해의 용이 부린 조화이므로 좋은 일을 행해 풀어야 한다는 주위의 권고에 따라 근처에 절을 세우도록 명하니 구름과 안개가 걷혔다. 그래서 이곳을 구름이 걷힌 포구라는 의미의 개운포라고 명명하게 되었다.

동해의 용도 이를 기뻐하여 아들 일곱을 데리고 왕 앞에 나타나 그 덕을 찬양하고 춤추며 노래 불렀다. 일곱 아들 가운데 한 명은 왕을 따라 왕도에 와서 정사를 돕게 되었는데, 그의 이름을 처용이라 하였다. 왕은 처용에게 미모의 아내를 붙여 주고 급간이란 관직까지 주었다. 그러나 아내의 미모를 흠모하던 역신이 사람으로 변하여 아내와 몰래 동침하자 그 현장을 목격한 처용은 오히려 노래하고 춤을 추며 물러 나온다. 역신은 처용의 이러한 너그러움에 감복되어 본래의 형체를 드러내고 무릎을 꿇어 사죄하면서 앞으로는 처용의 형상만 봐도 그 집 문안에 들어가지 않겠다고 맹세한다.

이처럼 처용설화의 내용은 민담, 신화, 전설 등의 여러 가지 주제를 설화적으로 가공하고 윤색한 것이다. 그러나 이 모든 설화를 잉태한 원초적 모태는 정사인 『삼국사기』에 명문으로 기록되어 있다. 『삼국사기』에 따르면 신라 49대 헌강왕 때인 879년 3월에 왕이 동쪽 지방의 주와 군들을 두루 돌아다니는데, 어디서 왔는지 알 수 없는 네 사람이 어전에 나타나 노래하고 춤을 추었다. 그들은 '형용가해 의건궤이形容可駭 衣巾詭異', 즉 모양이 괴이하고 의관도 이상야릇해 당시 사람들은 그들을 가리켜 산이나 바다에 사는 산해정령이라고 하였다. 이렇게 『삼국유사』보다 약 140년 앞선 『삼국사기』에는 처용의 모습이 설화가 아닌 자연인으로 그려져 역사적 사실로 기록되어 있다. 두 문헌 내용을 비교할 때 '사기'의 내용이 어떻게 설화로 가공·윤색되었는가를 짐작할 수 있을 뿐만 아니라, 그 주인공인 처용이 생면부지라서 '영물'로 오해된 것뿐이지, 사실은 자연인이며 외래인이라는 것을 알 수 있다.*173

이러한 기록과 더불어 처용이 외래인임을 말해 주는 다른 증거는 그가 지었다고 하는 처용가의 내용이 이색적이라는 점이다. 일반적으로 표현방법이 굴절되고 내면적이며 형상성이 강한 것이 특징인 신라 향가와는 달리 처용가는 감정 표현이 솔직하고 대담하며 직설적이라는 것이다.

이런 논리들을 종합해 보면 처용은 용 같은 영물 또는 내국인이 아니라 동해로부터 울산에 상륙한 외래인이라는 추론이 가능해진다. 이런 추론을 구체화하기 위해서는 처용이 출현한 개운포가 어떤 곳이며, 그러한 곳에 나타날 수 있는 외래인들은 과연 어떤 사람들이었는가를 밝혀내야 할 것이다. 여러 가지 문헌과 유물로 판단해 볼 때 당시의 울산은 수도 경주를 배후에 둔 산업과 상업의 중심지였다. 울산은 또한 경상도 66개 고을 중 유일하게 장사를 좋아하는 고을로 기록되어 있는데다가 천연적인 항만과 내륙교통의 요지로서의 조건도 두루 갖춘 국제무역항이었다.

이런 국제무역항을 통해 선을 보인 외래인들은 당시 남해를 통한 동서교역의 주역을 맡은 아랍인들을 비롯한 서역인들이었을 것이다. 중세 아랍 문헌의 기록, 신라의 옛 터전에서 서역인 상과 닮은 무인석이나 토용 같은 유물이 발견되고 불국사 석가탑에서 아랍의 특산물인 유향이 나온 사실은 아랍인들이 신라까지 내왕하거나 정착했다는 사실을 증명하고 있으며 자연인 처용의 외래인 설을 뒷받침하고 있기도 하다.*174

송나라 사신의 고려견문기

『고려도경高麗圖經』은 송나라 서긍이 사신의 임무를 띠고 1123년에 고려에 다녀간 후에 고려의 실상을 황제에게 보고하기 위해 만든 사행 보고서다. 서긍은 한 달 남짓의 개경 체류 견문을 바탕으로 견문기 겸 여행기를 지었다. 책의 제목에서 알 수 있듯이 본래 고려의 여러 가지 실정을 그림으로 설명한 도판과 그 설명이 함께 붙어있던 기록이지만 현재는 설명 부분인 「경經」만 전해지고 있다. 정식명칭은 『선화봉사고려도경宣和奉使高麗圖經』인데 흔히 줄여서 『고려도경』이라 부르고 있다.

서긍이 고려를 방문한 것은 1123년 선화 5년의 일로 당시 고려 16대 예종이 죽자 예종을 조문하고 신왕인 인종의 즉위를 축하하기 위해서였다. 고려 체류 기간은 1개월이지만 사신단은 개경 도착 3개월 전에 송의 수도인 개봉을 출발하였으며 고려 출발 후 42일 만에 다시 중국 땅을 밟은 긴 여정이었다. 서긍 일행은 명주까지는 완만한 대하를 달리는 국내선을 이용했고 명주부터는 큰 배를 갈아타고 황해로 향했다. 당시 명주에서 예성강까지 26일이 걸리는 거리였다. 서긍 사신단 일행의 행로는 12세기 전반기의 고려와 송의 가장 안전한 공식 해로로서 송나라는 사절단을 파견할 때마다 이 해로를 이용하고 있었다.

고려를 방문한 송의 사절단은 그 이전에도 많이 있었으나 자세하게 견문록을 기록한 경우는 흔치 않았다. 그러나 서긍은 개경에 도착한 후 떠날 때까지 한 달 동안 고려의 역사, 지리, 풍속, 민속, 종교 등을 먼저 글로 설명하고 여기에 그림을 덧붙이는 형식으로 기록하였다.*175 『고려도경』에 수록된 도자기에 관한 기록은 고려시대 도자기 연구에서 매우 중요한 역할을 하고 있다. 또한 이 책의 관복을 통해 고려시대 복식을 복원하는 데 있어서도 중요한 자료로 활용되고 있다. 배에 관련된 자료와 고려도경의 바닷길은 고려 선박연구와 당시의 항로와 항해술을 짐작게 하는 중요한 자료로 평가받고 있다.*176

내용 중 하나를 살펴 보면 고려인들은 여성의 이혼과 재혼이 자유로웠다. 여성의 결혼 경력이 재혼에 지장을 주지 않았다. 이혼녀와 과부 중에는 국왕과 결혼한 경우도 있었다. 충렬왕의 세 번째 왕비인 숙창원비는 과부였으나 왕과 재혼하였다. 서긍은 고려인들이 쉽게 결혼하고 쉽게 헤어져 그 예법을 모른다고 했다. 여성의 재혼이 금지되고 수절을 강요당한 조선 시대와는 판이한 현상이다.*177

또한 개방적인 고려는 이민족의 귀화를 적극적으로 수용

했다. 여진, 거란, 중국, 몽골, 일본 등 주변 나라에서 들어온 귀화인이 매우 많았다. 거란과의 전쟁으로 고려에는 많은 거란인이 포로로 들어왔으며 투항해 오는 거란인도 많았다. 이들은 집단으로 수도 개경에 거주하며 여러 가지 기구와 복식의 제조에 종사했다.

중국을 중심으로 한 동아시아의 통상권은 당나라 때에 형성되었지만, 송나라 시대에는 중국 연해 지방을 중심으로 해상활동이 활발하게 전개되어 과거 어느 때보다 민간무역이 성행했다. 이 때문에 고려와 송과의 관계도 매우 활발했고 사적인 민간 무역이 공적인 조공무역에 비해 훨씬 활발했다. 송나라 상인의 내항 횟수는 고려 현종 때부터 충렬왕까지 120회에 달했고 이 기간 송나라 상인의 연인원도 5천명에 달했다. 고려시대에는 송의 국자감에 유학생을 보냈고 송의 귀화인 가운데 고려에서 관리가 된 사람들도 많이 있었다. 『고려사』에는 여진의 시조 함부는 고려인 또는 신라인이라는 기록이 있다. 송나라의 금나라 견문기인 『송막기문松漠紀聞』*주에 여진 추장은 신라인으로 성은 완옌이며 완옌은 왕이라는 뜻이라는 기록도 있다.

한반도에 남겨진 아라비아 사람 흔적

'벽란도碧瀾渡'는 고려의 수도 개경으로부터 30리 정도 떨어진 예성강 하구에 있었다. 벽란도는 개경과 각 지방을 연결하는 교통의 중심이자 외국과의 교역에도 핵심적인 역할을 하였다. 고려의 대외 무역에서 가장 큰 비중은 역시 송나라였다. 그러나 국제무역항 벽란도에는 송나라 사람들은 물론 베트남, 태국 그리고 아리비아 상인들까지 다양한 나라에서 온 사람들이 일 년 내내 붐비고 있었던 것으로 추측되고 있다. 특히 아라비아 상인들은 코끼리 상아, 양탄자. 후추 같은 물건을 가져와서 고려청자, 인삼 등과 교역하였다.

이렇듯 고려의 교류는 송나라를 넘어 동남아시아와 대식까지 뻗어 있었다. 『고려사』 등의 기록에 의하면 동남아시아, 인도, 대식까지 왕래한 기록이 있다. 11세기 전반에는 열라자, 하선, 보나합 등 무슬림 상인들이 집단으로 개경에 와 몰약 등의 방물을 바치고 비단을 하사받았다고 한다. 25대 충렬왕 때는 인도 코로만델 해안 마팔국 왕자인 패합리가 침향 등의 공물을 보내왔다. 충렬왕이 대신 채인규 딸을

---

*주 중국 남송의 사신 홍호洪皓가 쓴 금나라 견문록으로 사후 그의 장남에 의해 간행되었다. 금의 괴뢰국인 제齊나라에서 일할 것을 강요당하자 이를 거부하고 지낸 북만주 유배생활 10년 동안의 기록이다.

원나라 승상 상가에게 공녀로 시집보냈는데 상가가 죽어 이 공녀가 마팔국 왕자에게 재가하게 되자 공물을 보내온 것이다.

개경에는 신분에 따라 투숙할 수 있는 벽란정, 영빈관, 청하관, 오빈관 등의 외국인 전용 숙소가 10여 군데나 있어서 수백 명의 사신과 상인들을 한꺼번에 수용할 수 있었다고 한다. 서긍의 『고려도경』에 의하면 벽란정은 좌벽란정과 우벽란정이 있었는데 사신의 숙소와 접대 장소로 그 용도가 각각 달랐었다. 당시 송나라 역시 수도 개봉에 고려관을 지어 고려의 사신이나 상인들을 위해 편의를 제공했다고 한다.*178

『고려사』와 『고려사절요』에는 '회회回回'나 '회회인回回人' 그리고 '대식大食'이 등장한다. 회회와 대식은 다름 아닌 이슬람을 의미하는데 통일신라 시기부터 이슬람과의 교역을 알려 주는 유물들이 발견된다. 그리고 고려시대에는 벽란도를 통해 이슬람들과 교역했다는 기록이 있고 원나라를 통해서도 이슬람과의 교류가 이루어졌다.

이슬람에서 전래된 것으로 추정되는 고기만두 쌍화를 소재로 한 고려가요 쌍화점은 회회남자와 고려여인의 연정을 담고 있는 것으로 유명하다.*179

쌍화점에 쌍화를 사러가니
회회아비가 내 손목을 잡는구나.
이 소문이 상점 밖으로 퍼진다면
조그만 새끼 광대인 내가 퍼뜨린 것인 줄 알리라.

이슬람 흔적은 고려에서 끝난 게 아니라 조선왕조에까지 이어졌다. 『조선왕조실록』에는 조선 초기에 회회인들의 정착과 사회활동에 관한 기록이 있다. 1407년에 태종은 가족과 함께 조선에 들어온 '회회사문回回沙文'인 도로에게 집을 주어 정착하게 하고 여러 가지 특전도 베풀었다고 했다. 『세종실록』 역시 회회노인과 회회교도들이 고유의 이색적인 복식으로 근정전에서 거행된 신년 하례식과 동지 망궐례 등의 궁궐 행사와 의식에 참석하였다고 기록하고 있다.

자신들의 고유 문자가 없었던 몽골인들은 위구르 문자를 빌려 자신들이 문자로 삼은 것은 물론 공식어로 채택하기까지 했었다. 원나라와 혼인 관계에 있었던 고려 말기와 조선 초기에 이르기까지 원나라의 영향으로 회회어와 회회문으로 알려진 위구르 문자와 언어가 관료를 중심으로 한 상류사회에서 사용되기도 하였으며 심지어는 훈민정음 창제에 영향을 주었을 것이라는 주장이 제기되기도 하였다.*180

창덕궁 인정전의 기와 색깔은 아라비아에서 인도를 거쳐 들어온 회회청이다. 현재의 대통령 집무실과 저택 역시 푸른 기와를 쓰고 있어 청와대라고 명명되었는데 청와대의 기와가 회회청인지는 확인하지 못했다.

아랍 지리학자인 이븐 쿠르다지바는 845년에 지은 지리서인 『도로와 왕국총람』에, 알 마스오디는 『황금초원과 보석광』을 통해 신라에 관한 기록도 각각 남겼다. 이 견문록은 두 사람이 인도와 중국을 여행한 후 남긴 저술인데 당시 신라에 들어온 아랍인들은 풍부한 자원과 아름다운 보석에 이끌려 대부분 현지에 정착해 살았다고 기술하고 있다.*181

원나라 공주와 여덟 명의 몽골 왕비들

훗날 충렬왕으로 즉위한 고려 원종의 태자는 원나라 수도인 대도에서 원 세조 쿠빌라이의 공주인 '쿠틀룩 켈미시 忽都魯揭里迷失'와 결혼했다. 당시 태자는 39세이고 공주는 16세였다.*182 원 세조 쿠빌라이는 중앙아시아 출신 등 다양한 인종을 실력 위주로 중용하고, 서역에서 오는 문화를 중시하였으며, 티베트에서 기원한 라마교를 받아들였다. 그는 대칸에 즉위하기 전, 자신을 찾아온 고려 24대 원종과 모종의 동맹 관계를 맺었고 그의 아들인 충렬왕을 사위로 맞았다. 충렬왕이 연경에 들어가 세조의 딸과 혼인한 이후로 고려왕의 묘호는 조나 종 또는 묘호를 사용하지 못하고, 충이라는 돌림자를 사용해야 했다. 원나라는 또한 고려와 연합해 일본을 정복하려 했으나 두 차례 모두 태풍으로 실패했다.*183

고려 25대 충렬왕부터 제31대 공민왕까지 약 백 년간 고려의 왕들은 모두 여덟 명의 몽골 여인을 아내로 맞아들였다. 세계를 정복한 몽골이 유독 고려에만 공주들을 시집보낸 것은 항몽전쟁에서 보여 준 고려인의 투지와 저력 때문이었다. 고려국왕이 몽골 여인과 혼인하고 그녀들이 낳은 아들이 고려국왕이 되면서 고려는 원의 지배를 받으며 정치적 독립성을 거의 상실했다. 고려국왕은 원나라의 명령에 따라 하루아침에 교체되기 일쑤였다. 충렬왕과 충선왕, 충숙왕과 충혜왕은 모두 황제의 명령에 따라 폐위되었다가 다시 복위했다.

고려왕비가 된 몽골 여인들은 황제의 권력을 배경으로 남편을 능가하는 권력을 행사하거나, 왕이 된 아들을 대신해 섭정하기도 했다. 그러나 한편 그들은 정략결혼으로 만리타향에 시집온 서글픈 여인들이기도 했다. 그들은 대부분 남편의 사랑을 받지 못하고 외롭게 삶을 마감했다.

하지만 우리 역사상 처음으로 세계 각국의 문명을 전면적으로 접할 수 있었던 것도 이때였다. 원나라의 진왕 감마랄의 딸인 보탑실련계국대장공주와 결혼한 충선왕은 원나라 수도에 만권당이라는 개인 연구소를 설립하고 세계 최고 수준의 학자들과 토론을 벌였다. 『역옹패설』, 『제왕운기』의 저자 이제현은 이곳에서 세계적인 학자들과의 교류를 통해 일급 학자로 거듭났다. 최해, 이곡, 이색 등 뛰어난 고려인들은 원나라에서 실시한 과거시험에 합격하고 원나라 관리로 근무하기도 했다. 조선 건국의 이념적 바탕이 된 성리학이 도입된 것도 이때였다.[*184] 충혜왕은 원나라 관서왕 초이발의 장녀인 덕녕공주와 결혼했다. 뒤이어 충숙왕은 원나라의 종실녀인 경화공주 즉 바얀투후와 결혼했다.

장씨, 설씨, 명씨, 진씨의 시조

『고려사』와 덕수 장씨 시조에 관한 기록 등에 의하면 '삼가'는 고려 제25대 충렬왕이 원나라 세조의 딸 쿠틀룩 켈미시를 왕비로 맞을 때 수행원으로 따라온 것으로 되어 있다. 본래 회회인이었지만 원나라에서도 고위 관직에 있던 삼가는 고려에 와서도 낭장의 벼슬로 출발하여 충렬왕에 의해 덕성부원군으로 봉해졌다. 현재의 황해도 개풍군인 덕수현을 지급받고 장순룡이라는 우리 이름도 하사받았다. 장순룡의 후손들은 그를 덕수 장씨의 시조로 삼아 오늘날까지 그 혈통이 이어지고 있다.[*185]

경주 설씨의 시조인 설손은 본래 위구르 사람으로 조상 대대로 설련하에 살아왔기 때문에 '설偰'을 성씨로 삼았다. 설손은 원의 순제와 기황후 사이의 황태자인 아이유시리다라를 가르쳤다. 공민왕이 대도에서 인질로 거주할 때 공민왕과 쌓은 친분으로 홍건적이 난을 일으키자 이를 피해 고려로 망명했다. 공민왕은 설손을 후히 대접하여 부원후 등의 벼슬을 주고 지금의 서울 용산인 부원에 전답을 주어 살게 했다.[*186] 그의 후손 중 장수는 조선 개국 때 명나라를 왕복한 사신으로 활약하여 태조 때 연산부원군으로 봉해졌다. 그리고 경주를 식읍으로 하사받아 경주 설씨의 시조가 되었다.[*187]

서촉 명씨 시조 명옥진은 원나라가 기울어 가는 1362년 서촉에 도읍을 정하고 하나라를 세웠다. 명옥진의 아들 명승은 1366년 아버지의 뒤를 이어 왕위를 계승하였으나 1371년 주원장에게 굴복하였다.

임피 진씨陳氏 시조 진리는 원나라 양산 사람으로 세칭 진이라 불렸다. 주원장은 명승을 진리와 함께 배에 태워 고려로 보내 살게 했다. 이렇게 해서 이들은 각각 서촉 명씨와 임피 진씨의 시조가 되었다.

1273년 원종 14년에 삼별초 난을 평정한 몽골군 일부는 제주에 머물며 제주 여자들과 결혼하여 별도의 부락을 이루고 살았다. 『동국여지승람』에는 원을 본관으로 삼은 조趙, 이李, 석石, 초肖, 강姜, 정鄭, 장張, 송宋, 주周, 진秦 등과 원의 황족으로 운남을 본관으로 삼은 양梁, 안安, 강姜, 대對 등의 성씨가 기록되어 있다.*188

베트남에서 귀화한 왕자들

우리나라에는 베트남 이씨 왕조의 왕자를 시조로 하는 성씨가 둘 있다. 화산 이씨와 정선 이씨가 그들이다. 화산 이씨의 시조인 이용상은 1009년부터 1226년 사이에 존재했던 베트남 리왕조의 8대왕 이천조의 둘째 아들이자 9대왕 혜종의 숙부다. 그는 왕자로서 군 총수를 역임했지만 한 척신의 권모술수로 왕이 축출되고 왕족이 몰살당하게 된 상황에서 배에 몸을 싣고 홀로 탈출했다. 그리고 흘러흘러 닿은 곳이 우리나라 서해안의 옹진반도에 자리한 화산이다.

그 시절 마침 몽골군의 침입으로 지역민들이 어려움을 당하자 이용상은 지역민들과 힘을 합쳐 이들을 물리쳤다. 고려 조정에 이런 사실이 알려지자 화산 일대와 함께 이 씨 성도 하사하였다. 이용상은 이렇게 해서 화산 이씨의 시조가 되었다. 화산에는 지금도 안남토성과 망국단 등의 유적이 남아 있다.

정선 이씨의 시조인 이양혼은 베트남 리왕조의 4대 임금인 인종의 3남으로 고려에 망명했다고 알려졌다. 이양혼의 9세손인 이우원이 상서좌복야로 추봉되어 정선으로 이주하여 그 후손들이 정선을 본관으로 정했다고 한다.[*189]

화산 이씨와 정선 이씨의 정착은 고려시대 귀화의 한 사례에 불과하며 망명, 피난, 투항, 표착, 포로, 정략혼인, 무역, 종교, 시종 등의 다양한 이유의 귀화가 이루어졌다.[*190] 중국계의 달성 하씨, 아산 호씨, 성주 시씨, 몽골계의 연안 인씨, 여진계의 청해 이씨, 위구르계의 경주 설씨, 이슬람계의 덕수 장씨, 일본계의 우록 김씨 등이 있다.

고려 건국 초기에는 중국의 지식인들을 유치하여 활용했는데 후주 출신의 쌍기가 대표적인 인물이다. 쌍기는 중국의 과거에 급제한 후 지방과 중앙의 관리로 활동하다가 956

년 고려 사신 설문우를 따라 고려에 와서 귀화했다. 고려 광종은 쌍기를 원보한림학사로 임명했으며 후일 쌍기의 건의에 따라 고려에 과거제도를 처음으로 도입했다.

조선 초기에 지금의 자바인 조아국과 지금의 태국인 섬라곡국을 남만이라고 불렀는데 남만의 배를 통해 안남, 마카오, 광동, 천주를 거쳐 유구, 일본을 경유하는 중계무역이 이루어졌다. 특히 조아국은 태종 때부터 진언상이 여러 차례 사절을 보내온 적이 있다.*191

『고려사』에 따르면 공민왕 20년, 즉 1371년에 여진 천호 통투란 테무르가 고려에 투항했다. 통투란은 투항 후 이성계의 심복이 되어 이지란으로 이름을 고친 후 조선 개국에 많은 영향을 끼쳤다.*192

귀화한 왜군 장수

임진왜란 때 가토 기요마사의 선봉장으로 부산에 상륙한 젊은 장수가 있었다. 스물두 살의 약관으로 나중에는 조선에 귀화하여 김충선이란 이름을 얻은 '사야가'가 그 주인공이다. 임진왜란 때 사야가는 휘하에 3천의 왜군 병력을 거느린 장수였지만 경상도 병마절도사 박진을 찾아와 귀순

의사를 밝혔다. 임진왜란 당시 왜군의 일부가 목숨을 구걸하여 항복해 온 경우는 있었지만 조선을 흠모하여 자진해서 투항한 경우는 처음이었다. 임진왜란 당시 왜군의 조총 공세에 조선군은 속수무책일 수밖에 없었다. 그러나 조선에 귀화한 사야가가 조총 제조술과 사격술 등을 전수하면서 조선의 전술에는 큰 변화를 가져왔다. 전공을 인정받은 사야가는 조정으로부터 김씨 성을 받고 이름을 충선으로 하여 김충선이라는 조선 사람이 되었다.

그는 임진왜란 후 북방의 방어사로 이괄의 난과 병자호란에서 전공을 쌓아 정2품 정헌대부까지 올랐다. 이후 김충선은 경상도의 우록동에 정착하면서 사성 김해 김씨의 집성촌을 이루며 살았다. 김충선의 이야기는 한일 양국의 교과서에 등장하고 있으며 우록마을은 지금도 그의 후손들과 한일 양국에 의해 평화를 상징하는 곳으로 남아 있다.[*193]

밀린 급여 받으려고 쓴『하멜표류기』

조선에 관해 서양인들이 처음 쓴 글은 일본에서 선교 활동 중 임진왜란 때 왜군을 따라 남해안 웅천항에 들어와 포교를 시도했던 스페인 선교사 세스페데스가 1601년에 펴낸

『선교사들의 이야기』란 책이다.*194 이 밖에 앞에서 언급한 1598년 외국인 천주교 신부에 의한 임진왜란 당시 조선인 포로에 대한 기록도 남아 있다. 이후 1653년 8월 대만에서 당시 일본 나가사키의 네덜란드 상관 데지마로 가려던 동인도회사의 선박 스페르베르호는 닷새 동안 계속된 폭풍우를 만나 바다에서 표류한 끝에 낯선 섬에서 난파된다. 혹독한 난파로 모두 예순네 명의 선원 중 서른여섯 명만이 생존해 있었다. 중국의 한 섬으로 알고 며칠을 보낸 하멜 일행은 항해사를 통해 이 낯선 섬이 코레의 겔파에르츠섬 즉 제주도임을 알게 된다.

우여곡절 끝에 제주 목사에게 끌려간 이들은 이미 조선에 정착해 있던 같은 네덜란드 사람 얀 얀스 벨테브레이, 즉 우리 이름 '박연'을 면담한 후 1654년 5월 서울로 호송된다.*주 이들은 당시 효종의 북벌계획의 일환으로 추진되던 군사력 강화를 위해 박연이 소속되어 있는 훈련도감에 배속되어 엄한 통제 속에 군사훈련을 받은 후 훈련대장의 호위병 임무를 수행하기도 했다. 하지만 이들은 청나라 사신

---

*주 1627년 동료 두 명과 함께 조선 연안에 표착한 얀 얀스 벨테브레이(Jan Jans Weltevree)는 박연(朴燕 朴淵 朴延), 박인(朴仁), 호탄만(胡呑萬)등으로 불리기도 했다. 조선에 표착한 이후 무과에 합격해 훈련도감에 관직을 가지고 있었을 뿐만 아니라 조선 여인과 혼인하여 조선에서 일생을 마쳤다. (신동규 2001)

이 올 때마다 가택연금이 되는 신세가 된다. 스페르베르호의 서기였던 하멜 일행이 제주도 표착 시 가지고 있던 신식무기의 존재가 청나라에 알려지는 것을 두려워했던 당시 조선의 난처한 처지 때문이었다.

그러나 자나 깨나 고국으로 돌아가고 싶던 하멜 일행은 오히려 이러한 조선의 약점을 이용하여 은밀하게 그리고 계획적으로 청나라 사신들을 접촉하여 자신들의 송환을 요청하게 된다. 그러나 이들의 이 같은 탈출 시도는 오히려 청나라와 불편한 관계를 유발해 그들의 존재는 조선 측에 부담으로 작용하게 된다. 따라서 하멜 일행의 조선 상륙 직후 이들을 훈련도감에 배속시켜 군사력 강화에 이용하려 하였던 계획이 좌절된 것을 빌미로 전라도로 유배시킨다.

제주도 상륙 당시 모두 36명이던 하멜 일행은 서울 호송 시 한 명이 사망하고 청나라 사신을 통해 탈출을 시도하던 두 명이 사망하여 서른세 명만이 생존해 전라도로 유배되었다. 당시 가뭄으로 재정난을 겪고 있던 전라도 병영은 이들을 여수, 순천, 남원에 분산 수용하게 된다. 세 곳에 분산 수용되었음에도 하멜 일행은 몇 차례의 탈출을 시도한다. 천신만고 끝에 배 한 척을 구해 전라좌수영을 탈출하여 일본에 도착한 하멜 일행은 일본 관리들의 심문을 거친 후 마침내 나가사키 데지마 상관의 환영을 받았다. 1666년 9월, 일본에 도착한 그들은 13년 28일 동안의 조선에서의 억류를 슬픔과 고통의 연속인 감옥 생활로 비유했다.

하멜은 나가사키에서 일 년여를 체류하면서 13년여의 조선 억류 기간의 밀린 임금을 소급해 받기 위해 동인도회사에 제출할 보고서를 쓰게 된다. 그게 오늘날 『하멜표류기』로 알려진 보고서다. 엄밀히 말하면 「스페르베르호의 불행한 항해일지Journael van de Ongeluckige Voyagie van't Jacht de Sperwer」가 원래 제목이다. 하멜은 스페르베르호의 서기로서 밀린 임금을 받기 위해 보고서를 작성하였지만, 밀린 임금은 제대로 받지 못했다. 대신 이 보고서는 대항해 시대 서양 사람들의 호기심을 자극해 1668년 로테르담과 암스테르담에서 네덜란드어로 출판되고 이어 프랑스어, 독일어, 영어, 스페인어 등으로 잇따라 번역 출간되면서 당시 유럽에서 선풍적인 인기를 얻게 된다.

보고서는 하멜 등 36명이 조선에 상륙하여 조선에서 억류된 뒤, 8명이 전라 좌수영을 탈출하여 일본 나가사키의 데지마 네덜란드 상관에 도착한 후, 그곳에서 다시 고국으로 출발할 때까지의 기록이다. 또한 보고서에서 하멜은 조선을 탈출해 일본의 나가사키에 도착한 후 일행의 표류 경위, 조선 체류와 귀환 과정을 일기로 정리한 것은 물론, 당시 조선의 군사제도, 곤장과 유배 등의 사법제도, 불교와 조상 숭배에 관한 신앙생활, 사랑방과 안채를 두고 사는 양반의 가옥 구조, 조혼과 첩실을 두는 결혼 풍습, 세습되는 노비제도, 3년 상을 치르는 장례문화, 전염병에 대한 극도의 혐오 문화, 물물교환으로 이루어지고 있는 교역제도, 거래 시 속이기 일쑤인 잣대와 저울의 풍습, 많은 수가 목격된 호랑이와 새들, 한문과 언문, 계산과 부기 등에 관해 상세히 기술하고 있다.[*195] 하멜은 또한 당시 조선 사람들의 여행문화에 관해서도 기술하고 있어 이채로운데 그 내용의 일부를 옮겨보면 다음과 같다.

> 조선 사람들은 여행하다가 날이 저물면 아무 집 안으로 들어가 자기가 먹을 만큼 쌀을 내놓으면 그 집 주인은 즉시 그 쌀로 밥을 지어 반찬과 함께 차려 내놓는다. 마을 주민들은 손님 대접을 교대로 하는데 아무도 그런 일에 반대하지 않는다. 한양으로 가는 큰길에는 관영 숙소인 역참과 휴게소 격인 주막이 있는데 양반이나 일반 백성을 가리지 않고 받아 준다. 나라의 명으로 여행하는 양반이 지방으로 여행할 때는 근처의 가장 높은 사람 집에서 묵으며 숙식을 제공 받는다.

이 보고서는 일찍이 우리나라에서는 '하멜표류기'로 불렸으며 일본에서는 '조선유수기'로 불렸는데 현재까지도 이런 표현이 일반화되어 있다. 1934년 우리나라에서는 이병도가 이 보고서를 '하멜표류기'로 번역하였고 일본에서는 이쿠타 시게루가 이 기록을 '조선유수기'라고 명명했기 때문이다.*196

이처럼 1653년에 우리 땅을 밟은 하멜 일행이 최초의 서양 사람들은 아닐지라도 하멜은 우리나라를 상세하게 기록하여 서방에 알린 최초의 서양 사람으로 간주되고 있다.*주 그러나 하멜 일행보다 26년 앞선 1627년에 같은 네덜란드 사람인 얀 얀스 벨테브레이와 그 일행 두 명이 그들이 승선했던 아우버케르크호가 당시 조선의 근해에 표류하게 된다. 이들은 식수를 구하기 위해 보트를 타고 조선에 상륙했다가 주민들에게 잡혀 정주한 적이 있으며 그가 바로 박연이라는 이름으로 우리에게 알려진 인물이다. 그러나 박연

---

*주 하멜 표착 이전에 일본에 파견된 포르투갈 선교사 루이스 프로이스가 16세기 말에 『일본사』를 저술하면서 이미 조선에 관한 많은 분량의 내용을 유럽에 보고하여 알리고 있었다. 또한 세스페데스라는 선교사는 토요토미 히데요시의 조선 침략 시 고니시 유키나가 휘하 병사들의 위안을 목적으로 조선에 들어와 잠시 머물다 간 적도 있었다. 또한 로드리게스라는 예수회 선교사는 1620년대에 자신의 저서 『일본교회사』를 통해 조선의 정치, 경제, 문화 등을 소개한 적이 있다. (신동규 2001)

은 조선 여인과 결혼하여 아이까지 낳고 조선에 귀화하여 조선에서 사망하였기 때문에 서방에 조선의 존재를 알릴 수는 없었다.

여기서 중요한 것은 당시 일본은 서양 문물을 개방적이고도 적극적으로 채택한 데 반해 우리는 정반대의 정책을 폈다는 것이다. 하멜이 억류되어 있던 13여 년간 조선은 서양 세계와 기술에 대한 정보를 얻어 내고자 하는 시도조차 하지 않았다. 그러나 탈출한 하멜 일행을 심문한 일본의 관리는 쉰 네 개의 질문을 통해 단 하루 만에 난파와 탈출 이유는 물론 조선의 산물, 군사와 장비, 군함, 종교, 인삼 등의 세세한 정보를 알아내고 있어 두 나라 사이의 세계관의 차이를 여실히 보여 주고 있다. 역사에서 가정은 무의미한 것이라고는 하나 우리도 이들을 활용하여 서양을 향해 문호를 적극적으로 개방하였더라면 적어도 일제 강점기라는 치욕스러운 역사를 겪지 않았을지도 모를 일이다.

7장

서양인이 본 근대의 우리 모습

조선 개국 이래 수 세기 동안 견고하기만 하던 쇄국의 고삐가 풀리고 개방의 물결이 거세게 한반도를 덮치면서 한반도를 찾는 서양 사람들의 발길도 잦아졌다. 서양 사람들이 목격한 19세기 말과 20세기 초 조선의 모습은 지난 세월 은둔 또는 미지와 환상의 나라로 비쳤던 것과는 사뭇 다른 것이었다. 낮은 초가집들 사이로 상하수도 시설이 없어 너저분했던 수도 한양의 모습은 불결하기 짝이 없는 것이었다. 겨우내 목욕 한 번 하지 않아 이와 비듬이 들끓던 조선 사람들의 겉모습도 게으름과 비위생 그 자체였으며 서울 역시 궁궐을 제외하고는 500년을 이어 온 왕조의 수도라고

하기에는 너무도 초라한 모습이었다. 당시 한반도까지 여행한 대부분의 서양 사람들은 화려한 방콕이나 북경 또는 일본을 거쳐 들어온 경우가 많았기에 상대적으로 우리 모습은 더욱 더 빈곤해 보일 수밖에 없었다.

이런 배경 때문에 구한말을 전후해 한반도를 방문했던 서양 사람들의 견문록의 내용은 크게 세 가지로 구분되고 있다.

첫째, 조선과 조선 사람들을 불결하고 게으르게 묘사한 경우

둘째, 조선 사람들의 내면을 정확하게 꿰뚫어 직시한 경우

셋째, 조선 사람들의 능력과 미래를 통찰한 경우 등이다.

단기간의 조선 방문 후 쓰인 서양 사람들의 견문록에 조선의 모습이 겉으로만 투영된 것은 어찌 보면 당연한 결과였다. 이들에게 당시의 조선 사람들은 미신과 무능으로 얼룩진 모습으로 인식되거나 일부 전통에 얽매여 있는 모습들이 지나치게 부정적으로 비치고 있었기 때문이다.

이미 중국과 일본을 거쳐 온 서양 사람들이 이웃 나라들과 조선을 이렇게 비교한 것은 어쩌면 자연스러운 일이었을지도 모른다. 그러나 선교사들 위주의 장기 체류자들이 조선 사람들의 내면을 본 평가는 전혀 달랐다. 그들은 양반

과 선비 문화의 가치를 크게 평가하고 있었다. 오스트리아 여행가인 헤세-바르텍도 조선인은 신체적인 면에서 동아시아의 이웃들을 능가하며 내면 역시 훌륭한 본성이 들어 있는 민족으로 높이 평가하고 있다. 인도의 시성 타고르가 그의 시 '동방의 등불'에서 조선인들의 잠재력과 한반도의 비전에 대해 무한 신뢰를 보였다는 것은 더 말할 나위도 없는 일이다.

윌리엄 그리피스의 '은둔의 나라'

미국의 목사이자 동양 학자였던 윌리엄 그리피스는 조선을 '은둔의 나라Hermit Nation'라고 처음 부른 사람이다. 1870년 일본의 초청으로 도쿄대학에 부임하여 물리학과 화학을 가르치던 그리피스는 일본 역사와 문화 연구에도 흠뻑 빠져 있었다. 일본을 제대로 이해하려면 일본에 많은 영향을 끼쳐 온 한국도 알아야 함을 깨달은 그는 우리나라를 연구하기 위해 1871년 조선을 방문했다. 그리피스는 이 경험을 바탕으로 1882년 『은둔의 나라 한국Corea the Hermit Nation』이라는 책을 펴냈다.*197

책은 한국의 역사를 시대별로 구성하고 있지만, 역사적

인 사실보다는 구한말 당시 미신과 무능이 만연된 우리나라의 모습을 과장하여 표현하고 있다. 그리피스 이후 조선을 방문하거나 방문하지 않고 저서를 출간한 대부분의 서양 사람들도 그의 영향을 받아 한국을 잘못 이해한 모습을 드러내고 있다.*198

섬세한 여성의 시선으로 바라본 『한국과 이웃 나라들』

영국 태생의 여성 여행 작가인 이사벨라 비숍은 1897년에 『한국과 이웃나라들 Korea and her neighbours』을 저술했다. 비숍이 조선 여행을 시작하기 전만 해도 서양 사람들은 코레아가 흑해의 어디쯤이냐며 그 무지를 드러내고 있을 때였다. 어쩌다 코레아를 안다고 하여도 꼬리가 1미터나 되는 닭, 인삼이라는 영약, 우수한 모피와 종이, 금으로 장식한 옷, 넘쳐나는 아름다운 도자기와 호화로운 부장품을 매장하는 이상한 장례 문화 등 서양 사람들의 호기심을 자극하는 얘기들만 범람하고 있었다.*199

그러나 비숍은 그녀의 여행기를 통해서 코레아에 관한 이러한 환상을 모조리 깨부수었다. 남존여비 사상에서 오는 조선 여성의 비애와 절망, 질병, 은둔, 부부간 사랑의 결폅, 이에 따른 조선 여인들의 삶에 대한 연민, 남자들의 방탕한 외도, 아내와 결혼은 하지만 사랑은 첩과 나눈다는 축첩 제도의 폐해, 집은 있어도 가정은 없다는 등의 여자다운 치밀하고 섬세한 시선으로 당시 조선 사회의 적폐를 적나라하게 파헤쳤다. 심지어는 조선의 딸들은 아버지에 의해, 아내는 남편에 의해 죽임을 당한다는 등의 터무니없는 왜곡과 과장을 기술하고 있어 지금으로 보면 오히려 작가에 대해 연민을 느끼게 할 정도다.[*200]

새비지 랜도어와 퍼시벌 로웰의『고요한 아침의 나라』

영국 화가인 새비지 랜도어는 일본, 중국, 시베리아를 거쳐 1890년 조선에 도착했다. 이후 조선을 한 번 더 방문한 랜도어는『고요한 아침의 나라, 조선Corea, Land of the Morning Calm』이라는 여행기를 썼다. 이 여행기에서 그는 우리나라 사람들이 이웃 나라인 중국이나 일본 사람들과 닮기보다는 북방의 몽골, 중앙아시아, 남방계 혈통이 많이 섞여 있는 다민족 혼혈 사회로 평가했다. 그는 마치 아시아에 거주하고 있는 모든 인종의 표본이 한반도에 정착한 것으로 보인다고 쓰기도 했다.[*201]

미국의 저명한 천문학자였던 퍼시벌 로웰은 일본과 조선을 여행한 후 여러 여행기를 저술하여 당시 미국에 거의 알려지지 않고 있던 극동의 두 나라를 미국에 소개했다.*202 부유한 가정에서 태어난 로웰은 하버드 대학을 졸업하고 미국의 주일 외교 대표로 10여 년간 근무하였다. 여기서 로웰은 미국에 파견되는 조선의 수교사절단을 만나게 되며 이들을 미국으로 인도하는 임무를 맡게 된다. 로웰은 1883년 8월 샌프란시스코를 향해 출발한 뒤 같은 해 11월 다시 일본으로 돌아오기까지 '조미수교사절단'의 곁을 보좌하면서 국서 번역과 통역 역할 등을 수행했다.*203

이후 일본을 떠나 조선으로 귀국한 일행 중 홍영식이 로웰의 노고를 고종에게 보고했으며 이에 따라 고종은 그를 국빈으로 초대하라고 지시했다. 로웰은 약 3개월간 한양에 머무르면서 조선의 정치, 경제, 문화, 사회 등을 백과사전 형식으로 자세히 기록했다. 2년 뒤인 1885년, 그는 이 기록을 정리하여 『Choson, the land of the morning calm 내 기억 속의 조선, 조선 사람들, 조경철 역, 2001』을 내놓았다. 책에서 로웰은 풍물을 기록하는 것 외에도 고종의 어진을 포함한 당시의 조선 풍경을 찍은 사진 25매를 남겼다.*204

이탈리아 영사의 사진첩 『코레아 에 코레아니』

'한국과 한국 사람들'이라는 의미의 『코레아 에 코레아니 Corea e Coreani』는 대한제국의 이탈리아 영사를 지낸 카를로 로제티가 남긴 사진 해설판이다. 이 화보집에 실린 450여 장의 사진과 그에 대한 객관적이고 상세한 해설은 당시 대한제국의 모습을 잘 표현하고 있다. 화보집은 서양인의 저작물을 통틀어 가장 방대한 사진 자료를 수록하고 있어 한반도의 근대사를 이해하는 데에 큰 도움이 되고 있다.

1902년 11월부터 1903년까지 7개월의 재임 기간과 그에 앞서 1902년 7월 한 달간의 체류 기간에 촬영되고 채록된 결과물로 당시의 한반도와 한국 사람들의 모습을 선명하게 담고 있다. 경운궁 쪽에서 정동 일대를 담아낸 전경, 서소문 쪽에서 정동교회 부근을 담아낸 모습, 이탈리아 공사관 거리라는 이름으로 통용됐던 서소문 일대의 풍경, 종각 일대의 종로 거리를 담아낸 전경, 관립 중학교는 물론이고 영어, 법어, 독어, 아어 등의 외국학교와 해당 학교의 수업 장면에 대한 탐방 사진 등 작가는 당시 서울의 다양한 모습을 매력적으로 담아냈다.

그리고 기병대 장교를 비롯하여 서울거리에서 마주친 지게꾼, 옹기장수, 안경장수, 나막신 수선공, 갓 수선공, 악공,

군밤장수, 빨래터의 아낙네 등은 물론이고 심지어 어린 기생과 걸인의 모습에 이르기까지 우리네 삶의 풍경들과 이 땅의 사람들을 세세하게 보여 주고 있다. 이 사진첩은 문호가 개방되고 열강들이 진출해 오던 시절의 우리 모습을 적나라하게 담아낸 매우 귀중한 기록이다.*205

우리나라에 처음 등장한 서양식 숙박시설

> 서울은 약국이 있어야 하는데 저희 임대 건물 공간의 하나는 약국뿐만 아니라 가게 주인을 위해서도 훌륭한 거처가 될 것입니다. 서울은 소규모 호텔도 몹시greatly 필요한데, 이들 가옥은 이 같은 목적에도 잘 맞을 것입니다. 문의는 더 코리안 리포지토리The Korean Repository로 해주세요.

이상은 1896년 7월호 이후 연속으로 게재된 '코리안 리포지토리*주' 부동산 임대 광고다. 같은 내용의 광고는 1896년

*주 1892년에 창간되었던 영문 월간잡지. 한국에서 편집되고 인쇄된 첫 영어잡지로 선교활동을 돕기 위한 목적으로 창간되었으나 편집 내용은 한국의 언어, 역사, 문화, 시사적인 내용 등으로 광범위하여 당시 우리나라를 연구하는 데 귀중한 자료다. (한국민족문화대백과)

8월 20일 자 『독립신문』에도 수록되어 있다. 이 광고에서 주목해야 할 것은 1896년의 시점에 서울이라는 도시가 소규모 호텔이나마 '몹시greatly' 필요로 하는 상황이었다는 것이다. 바꾸어 말하면 당시에 서울에는 이렇다 할 호텔이 없었다는 얘기가 된다.

실제로 개화기에 이 땅을 찾아온 여행자, 외교관, 특파원, 탐험가, 사냥꾼, 기업가 등이 한국에서 불편함을 호소하는 대상은 주로 숙박시설과 관련된 것이었다. 당시에 서울로 오는 서양 사람들은 대개 자국의 외교 공관이나 이미 정착한 다른 서양인들의 친절에 기대어 체류해야만 했다. 이도 저도 아니면 누추한 조선식 주막이나 숙박시설을 감수할 수밖에 없었다.*206

사정이 이랬기 때문에 여행자들은 누군가의 소개장을 가져와서 자기들 나라의 공관에서 묵는 것이 보통이었다. 이런 사정으로 서울의 미국 공사관도 여행자 접대에 알맞은 별관 시설을 여러 해 동안 따로 운영하였다고 한다. 그랬더니 유럽의 한 여행 가이드북은 서울에 가면 게스트 하우스는 미국공사관에 있다고 소개할 정도였다고 한다. 국민의 세금으로 운영되던 공사관의 손님 접대가 한국과 관련하여서는 해외 토픽감이 되었다. 이름뿐이었던 호텔이 대한제국 초창기에 서울 주재 각국 공사관들은 자연스레 자국 여행자들의 숙소 역할을 할 수밖에 없었다.

이러한 상황에서 명실상부하게 호텔이라는 이름을 내건 서양식 숙박시설이 서울의 거리에 그 모습을 드러낸 것은 1901년 무렵의 일이었다. 대안문大安門 앞의 '팔레호텔Hotel du Palais'과 서대문 정거장 부근의 '스테이션호텔Station Hotel'이 바로 그것들이었다.

다만 이들 호텔의 개업 시기에 관해서는 기록마다 약간 차이가 있다. 법어학교 교사를 지낸 프랑스인 에밀 마르텔은 1899년 당시 서울에 '파레스호텔'이라고 하는 것이 있었는데, 덕수궁의 대안문 옆에 있었으므로 '파레스'라는 이름이 붙었던 것이라고 했다. 또 당시 경인철도의 기점인 서대문역 부근에는 '애스터 하우스'가 있었다고 했다.*207 한편 1901년에 우리나라를 찾은 미국인 사진여행가 버튼 홈즈가 남긴 『버튼 홈즈의 여행강의The Burton Holmes Lectures』 시리즈에는 그가 머물렀던 프렌치호텔의 사진 자료와 더불어 최근 막 개업한 새 프렌치 호텔이라는 설명이 등장하고 있다. 따라서 팔레호텔의 개관 시기는 대략 1901년 전후일 것으로 보인다.

많은 사람에게 서울의 최초 호텔로 알려진 '손탁호텔

Sontag Hotel'은 기본적으로 황실에서 운영한 특정호텔private hotel, 예약된 손님만 투숙하는 형태이었으므로 아무에게나 개방된 공간은 아니었다. 더구나 호텔 건물의 신축은 1902년에 와서야 이루어졌으며 손탁호텔이라는 이름을 공개적으로 내걸고 영업을 개시한 것은 프랑스인 보에르에게 경영권이 넘겨진 1909년 이후의 일이었다. 따라서 손탁호텔을 서울 근대 서양식 호텔의 효시로 보는 것은 잘못이다. 엄밀하게 말하자면, 대한제국 황제의 궁궐인 경운궁의 턱밑에 등장한 팔레호텔은 개업시기가 손탁호텔보다 확실히 앞섰으며 서울 성벽 밖 서대문정거장 바로 위쪽에 그 모습을 드러낸 '스테이션호텔'도 마찬가지다.

그러나 이보다 훨씬 전에 개항지인 인천에서는 이미 서양식 호텔들이 운영되고 있었다. 당시 인천에서는 우리나라 근대 호텔의 효시로 알려진 '대불호텔大佛호텔, Daibutsu Hotel'이 1880년대 이래 운영되고 있었다. 대불호텔은 이 호텔의 일본인 주인인 호리 규타로의 덩치가 아주 크다고 해서 붙여진 이름이다. 이후에 중국인 이태가 운영한 '스튜어드호텔Steward Hotel'과 오스트리아계 헝가리인인 스타인벡이 주인이었던 '코레호텔Hetel de Coree' 등이 생겨나 성업 중이었다.

프렌치호텔, 법국여관, 센트럴호텔, 파레스호텔 등 다양한 방법으로 표기된 팔레호텔을 누가 설계하고 건축한 것인지에 대해서는 전혀 자료가 남아 있지 않다. 다만, 버튼 홈즈의 책에 수록된 사진 자료에 따르면 2층 높이의 벽돌건물에다 1층에는 잡화점을 겸하여 운영한 것으로 확인되고 있다.

그러나 팔레호텔을 이용한 서양인 투숙객들은 이 호텔에 대해 그다지 좋은 평가를 하지 않았던 것으로 보인다. 중요한 이유는 무엇보다도 이곳에 목욕시설이 갖춰지지 않은 불편함 때문이었다. 가령, 1902년 11월부터 이듬해인 1903년까지 7개월가량을 한국에 머물며 주한 이탈리아 영사를 지낸 카를로 로제티가 이 호텔에 관해 악평한 것이 대표적인 경우다.

그는 저서에서 서울에는 팔레호텔, 즉 궁전호텔이라는 화려한 이름이 붙은 호텔이 있었지만, 지난번 서울에 묵었을 때의 기억을 되살려 다시는 그런 모험을 하지 않기로 했다고 했다. 이외에 1903년 11월에 서울을 찾은 폴란드 태생 러시아 작가 바츨라프 세로셰프스도 이와 비슷한 경험담을 남기고 있다. 그가 지은 『코레야Korea, 1909』 책에는 다음과 같은 내용이 수록되어 있다.

고백하거니와 서울에서 무엇보다도 마음에 들었던 것은 일본인

> 거주 지역인 진고개였다. 그곳에는 목욕탕도 있었다. 목욕탕은 '프랑스호텔'에도 없었는데, 여행에서 돌아온 후 나는 장기간의 여행길에서 쌓인 먼지와 더러움을 씻어 내고 싶었다.*208

'서울프레스'는 프랑스인 보에르가 1907년 3월 5일에 덕수궁 대한문 맞은편에 센트럴호텔을 개업하였다는 소식을 싣고 있다. 이후 보에르는 1908년 5월 15일에 호텔을 확장하여 다시 신장개업하면서 이를 패리스호텔로 개칭하였다고 한다. 이 당시의 호텔 광고문서울프레스, 1909.9.17. 일자에는 날씬한 새 건물로 대한문 건너편에 소재한 호텔, 여행객들을 위한 안내인 대기, 프랑스인 주방장의 프랑스요리 전문 등의 내용이 등장하고 있다. 여기에 나오는 프랑스인 보에르는 1909년 9월에 손탁호텔의 여주인인 앙트와네트 손탁이 재산을 처분하고 본국으로 떠날 때에 손탁호텔의 경영권을 넘겨받은 인물이었다.

팔레호텔은 1912년에 이르러 일제에 의해 태평로가 확장될 때 철거되어 사라진 것으로 보인다. 팔레호텔의 위치가 덕수궁 대한문의 바로 앞쪽에 있었고 1912년 이후 일제에 의해 태평통太平通, 신교통, 태평로이 확장되는 공사가 벌어졌기 때문이다.*209

『조선, 1894년 여름』

『조선, 1894년 여름』은 1894년 여름에 조선을 다녀간 오스트리아 여행가 헤세-바르텍이 1895년 독일에서 출간한 여행기이다. 서양인의 눈으로 본 개항기의 조선 사회와 문화에 관한 보고서다. 저자는 일본 나가사키에서 출발해 부산에 상륙한 다음 배편으로 서해를 거쳐 제물포에 도착한 다음 서울까지 발로 누볐다.

헤세-바르텍이 한반도 땅을 밟은 것은 공교롭게도 1894년이었다. 그해 조선에서는 안팎으로 큼직한 사건들이 연이어 벌어졌다. 조선 남부 지방은 정부에 대한 봉기가 극심했고 동아시아의 두 강대국인 일본과 중국은 조선의 지배권을 차지하기 위해 대대적인 전쟁 준비를 마친 상태였다. 1월에는 동학농민운동이 일어났고, 6월에는 갑오개혁이 실시되었으며, 8월에는 청일전쟁이 발발했다. 튀니지, 캐나다, 멕시코, 미국, 중국, 일본, 태국, 인도 등 여러 나라를 두루 여행하며 험한 세상을 다 겪은 이 여행가는 이런 흉흉한 상황과 적지 않은 나이에도 불구하고 어떻게든 한반도의 구석구석을 직접 돌아보고자 했다.*210

1894년 6월 말 부산에 도착한 그에게 제일 먼저 눈에 띈 것은 비교적 깔끔하게 정비된 일본인 거주지였다. 하지만 이곳을 벗어나자마자 그는 조선의 쇠락한 모습을 여기저기서 만나게 된다. 부산을 떠나 제물포를 거쳐 서울에 이르러서도 상황은 마찬가지였다. 5백년을 이어 온 왕조의 수도라고 하기에는 서울은 너무도 초라했다. 그러나 이미 중국과 일본을 거쳐 온 저자가 그들과 조선을 비교한 것은 자연스러운 일이었다. 겉으로 드러난 두 이웃 나라들과의 비교 열위에도 불구하고 그는 조선과 조선인의 잠재력을 다음과 같이 높이 평가했다.*211

> 조선인들은 신체적인 면에서 중국인을 비롯한 동아시아의 이웃들을 능가한다. 조선인의 외양은 몽골 유형보다는 코카서스 쪽에 가깝다. 이들의 내면에도 아주 훌륭한 본성이 들어 있으므로 만약 변화된 상황에서 현명한 정부가 주도한다면 조선은 아주 짧은 시간에 깜짝 놀랄 만한 결과를 이루어 낼 것이다.

헤세-바르텍의 예리한 관찰대로 우리는 그 시절의 참담한 환경을 딛고 일어서서 경제적으로 세계적인 성과를 이루어 냈다. 그러나 그가 조건으로 제시했던 '현명한 정부'를 이루기 위해서는 아직도 가야 할 길이 더 멀리 있어 보인다.

예언 시, 「동방의 등불」

「동방의 등불」은 노벨문학상 수상자이자 인도의 시성이라고 칭송되고 있는 타고르가 일제 강점기의 조선 사람들에게 전한 짧은 메시지로 조선이 역사의 영광을 되찾아 다시 빛을 발하게 되리라는 강한 희망을 담고 있다. 한일합방 초기 세 차례나 일본을 방문했던 타고르는 세 번째 일본을 방문 중이던 1929년 조선 방문 요청을 받았다. 그러나 방문 요청에 부응하지 못한 타고르는 당시 동아일보 기자에게 영어로 된 여섯 줄의 메시지를 써 주었고 동아일보는 시인이자 언론인인 주요한의 번역으로 이를 1929년 4월 2일자 신문에 게재하였다.

이 메시지는 제목 없이 동아일보에 전달되었기 때문에 메시지 번역자인 주요한은 「조선에 부탁」이라는 제목을 붙여 신문에 게재하였다. 그러나 이 메시지는 이후 '동방의 등불', '동방의 불빛' 등의 제목으로 불리게 되며 우리 민족이 가장 자랑스럽게 생각하는 시로 애송되어 오고 있다. 주요한은 이 시를 네 줄로 번역하였지만, 영어 메시지 원본은 아래와 같이 여섯 줄로 되어 있다.

In the golden age of Asia
Korea was one of its lamp-bearers
And that lamp is waiting
to be lighted once again
For the illumination
in the East

일찍이 아시아의 황금시기에
빛나던 등촉의 하나인 조선
그 등불 한 번 다시 켜지는 날에
너는 동방의 밝은 빛이 되리라

타고르의 이 짧은 시에는 평소 그의 동방에 대한 비전이 잘 투영되어 있다. 타고르는 1917년에 발간된 『민족주의 Nationalism』라는 저서에서 동방은 인류역사가 태동한 곳이며 아시아 동쪽 지평선에 떠오르고 있는 태양이 다시 한 번 온 세계를 밝힐 것이라는 기대를 밝히고 있다. 물론 여기서 타고르가 말한 동방은 우리나라를 포함한 범 중화 세계를 포괄하는 의미다.

「동방의 등불」은 일제 강점기에 우리 민족에게 전해진

짧은 희망의 메시지이지만 시간을 초월하여 한반도의 앞날에 긍지와 비전을 제시하고 있는 불후의 명시로 자리 잡고 있다.*212

8장

고전 지리서와 통역 학습서

동서고금을 막론하고 여행을 위해서는 좋은 안내서와 지도가 필수적이다. 그러나 우리 선조들의 여행에서 지도를 참고하거나 휴대했다는 기록은 없다. 그렇긴 하지만 혜초의 인도 여행 기록을 그의 선행자들인 의정과 현장의 여행기와 비교해 보면 코스와 내용에서 중복된 것이 많아 이들의 여행기를 참고하였음을 알 수 있다. 명나라 말과 청나라 시대의 연행록과 조선통신사들의 기록을 보아도 선행자들의 연행록과 통신사들의 기록을 참고했음을 쉽게 발견할 수 있다.

한반도에 기록으로 처음 등장하는 통역과 여행안내서는

『노걸대』와 『박통사』다. 한반도 최초의 세계지도인 《혼일강리역대국도지도》도 비슷한 시기에 제작되었고 조선 후기에는 실학파들의 영향으로 서양의 세계지도인 《곤여만국전도》 등이 한반도에 유입되었다. 한편 한반도가 세계지도에 처음으로 등장한 것은 1154년 중세 아랍의 지리학자 알 이드리시가 그린 세계지도라고 알려져 있다.

기록상 한반도 최초의 통역안내서인 『노걸대』는 고려 말에 처음 편찬된 것으로 보이지만, 책의 제목이 처음 기록에 등장하는 것은 『세종실록』에서부터다. 『박통사』는 고려 말부터 조선 시대에 걸쳐 『노걸대』와 더불어 대표적인 외국어 학습서로 꼽혔던 책이다.

우리나라는 1402년에 역사상 최초의 세계지도인 《혼일강리역대국도지도》를 완성하였다. 이 지도에는 중국을 중심으로 하여 그 서쪽에 유럽, 아랍, 아프리카를 그려 넣고 130여 개의 유럽과 아프리카 지명이 수록되어 있다.

1603년 청나라에 갔던 사신 이광정과 권희는 예수회 선교사 마테오 리치가 제작한 단원형 세계지도인 《곤여만국전도》를 조선으로 들여왔다. 이후 이수광을 비롯한 실학파를 통해 서양의 문물과 사상이 한반도로 물밀 듯이 유입되면서 조선 사람들은 우물 안 개구리식의 중화주의에서 벗어나 비로소 유럽 등 중화 밖의 세계로 그 시야를 넓히게 되었다.

최초의 통역안내서

『노걸대老乞大』의 '노'는 상대를 높이는 접두어로서 우리말의 '~씨', 영어의 'Mr.~~'와 비슷하고, '걸대'는 몽골인이 중국인을 가리켜 부르는 'kitai'를 한문의 음을 빌려 표기한 말이다. 대체로 고려 말에 처음 편찬된 것으로 보이지만, 책의 제목이 처음 등장하는 것은 『세종실록』에서부터다. 책은 세 명의 상인이 고려 특산품 인삼과 모시 등을 청의 연경에 가서 팔고 그곳의 특산품을 사서 되돌아올 때까지의 내용을 담고 있다. 여행과 상거래에 필요한 실용 회화책으로 두 권 중 상권은 회화체로만 구성되어 있다. 말을 사고파는 방법이나 북경에 도착하여 여관에 드는 방법, 조선의 특산물인 인삼을 소개하는 방법 등이 중국어로 소개되어 있다. 『노걸대』의 첫 부분은 다음과 같이 시작된다.

> 大哥, 你從那裏來: 형씨는 어디서 오셨소?
>
> 我從高麗王京來: 나는 고려 왕경에서 왔소.

如今那裏去: 이제 어디로 가시려고 하오?

我往北京去: 난 북경으로 갈 거요.

你幾時離了王京: 당신은 언제쯤 왕경을 떠나오셨소?

我這月初日離了王京: 나는 지난 달 초에 왕경을 떠나왔소.

숙종 때인 1680년에 최후택 등의 만주어 『청어노걸대淸語老乞大』가 간행되었는데 지금은 영조 41년인 1765년의 수정본만이 파리 동양어학교 도서관에 소장되어 있다. 이 수정본은 당시 함흥역학으로 있던 김진하가 만주어의 음과 철자를 고쳐 기영箕營: 지금의 평양에서 간행한 것이다. 행마다 왼쪽에 만주문자를 적고 오른쪽에 그 음을 우리말로 옮겨 적었으며, 문장이나 구절이 끝나면 우리말로 뜻을 풀이해 놓았다. 이후 『청어총해淸語總解』에도 포함되어 간행되었지만 전해오지 않고 있다.

조선 후기 사역원에서 역관들의 학습과 역과시용譯科試用 역관시험용으로 간행된 몽골어 회화 책인 『몽어노걸대蒙語老乞大』는 왼편에 몽골문자로 몽골어 문장이 쓰여 있고 오른편에 한글로 발음이 표시되어 있다. 각 문장 혹은 각 절의 아래에 국어 역문이 붙어 있는 조선의 전형적인 언해본 역학서의 형태로 현재 규장각에 소장되어 있다.*213

최초의 외국어 학습서

『박통사朴通事』는, 고려 말부터 조선 시대에 걸쳐 『노걸대』와 더불어 대표적인 외국어 학습서로 꼽혔던 책이다. 『박통사』의 통사는 역관을 지칭하는 말이기 때문에 『박통사』란 곧 박씨 성을 가진 역관이라는 뜻이지만 확실하지는 않다. 『노걸대』는 중국통을 의미하는 중국인 역관에 대한 경칭인 데 반해 『박통사』는 고려인 통역을 의미한다는 설도 있다.

책은 『노걸대』와 마찬가지로 중국어 발음과 우리말을 함께 적고 있다. 『노걸대』가 상인의 무역 활동을 주로 한 상거래 회화에 중점을 두고 있다면 『박통사』는 일상생활에 필요한 내용을 담고 있는 것이 차이점이다. 『노걸대』와 함께 고려 말에 편집된 것으로 추정되는 이 책은 당시의 풍속과 문물까지도 전해 주고 있다.

또한 『박통사』는 지금은 전해지지 않고 있는 중국 원나라 말기의 『서유기』인 『서유기평화西流記平話』의 내용이 부분적으로 포함된 것으로도 유명하다. 책의 글 중에 「황풍괴」, 「홍해아」, 「화염산」, 「여인국」 등 『서유기』의 에피소드가 드문드문 대화체로 등장하고 있기 때문이다. 또한 『서유기』의 가장 유명한 등장인물의 하나인 '저팔계猪八戒'를 '주팔계朱

八戒'로 표기한 점도 눈에 띄는데, 우리가 알고 있는 저팔계라는 이름은 원래 중국 명나라 태조 홍무제의 성이 주朱씨인 관계로 명대에 음이 비슷한 저猪로 고쳐 쓴 것으로 여겨진다.

숙종 때인 1677년 권대운·박세화 등은 『노걸대』와 『박통사』의 요점에 주석을 붙여 해석한 『노박집람'老朴輯覽』을 참고해 『박통사언해』를 간행하기도 하였다.*214

조선에서 제작된 최초의 세계지도

1402년 조선은 《혼일강리역대국도지도混一疆理歷代國都之圖》를 완성하였다. 이 지도는 좌의정과 우의정이 참여하는 당시 고위 관료들과 학자들이 공동으로 참여하여 국책사업으로 만들어졌다. 지도에는 중국을 중심으로 하여 그 서쪽에 유럽, 아랍, 아프리카를 그려 넣고 130여 개의 유럽과 아프리카 지명을 수록하고 있는데 그 시절로서는 가히 상상을 초월하는 일이었다. 《혼일강리역대국도지도》의 존재는 당시 조선이 중국과 조공관계에 있던 나라들을 뛰어넘어 인도와 아프리카까지 인식하고 있음을 보여 준다.

한편, 우리나라가 서양 지도에 처음 등장한 것은 중세 아랍의 지리학자 알 이드리시가 그린 세계지도다. 알 이드리시는 1154년에 한 장의 세계지도와 일흔 장의 지역지도를 그려 넣은 『천애횡단갈망자의 산책』을 완성하였는데 이 책의 제1지역도 제10세분도에 다섯 개의 섬으로 구성된 신라를 표기하였다. 이것은 1562년 한반도가 처음 등장한 스페인의 벨로 세계지도보다 408년, '코레아'라는 명칭이 지도에 처음 등장한 1595년의 메르카토르의 세계지도보다 441년이나 앞선 것이다.*215

당나라 등 중원의 다른 제국들과 달리 몽골은 유라시아 대륙에 걸친 명실상부한 세계 제국을 건설하였다. 중국 역사상 최고의 국제교류가 이루어졌다는 당나라 때보다 더 다양한 문화가 교류되고 더 다양한 언어가 사용되었다. 고려의 지식인들도 몽골에 흡수된 한족 지식인들을 통해 몽골제국을 바라보았다. 명으로 계승된 몽골이 축적한 지식은 다시 조선으로 전해졌다. 《혼일강리역대국도지도》는 이런 배경 아래에서 탄생했다. 중국에서 아프리카에 이르는 넓은 지역의 형상은 이택민의 《성교광피도》에서 따온 것이다.

도면 상단에는 중원대륙에서 명멸했던 역대 왕조의 도읍지와 그 발자취에 대한 설명이 자세한데, 이 정보들은 청준의 《혼일강리도》에서 옮겨 적은 것이다. 그런데 이 두 원본

지도들의 내용은 대부분 몽골제국 시기의 것들이다. 몽골은 세계제국답게 놀랄 만한 해외지식을 보유하고 있었다. 조선의 의정부는 다양한 원본 지도를 들여와 새로운 세계지도를 만드는 데 국가적인 역량을 투입했다. 《혼일강리역대국도지도》가 현재 전하는 15세기 고세계지도 중에서 구대륙 전체의 윤곽을 가장 훌륭하게 표현하고 있는 것은 그런 노력 덕분이다. 무엇보다 이 지도는 15세기 조선이 가진 넓은 시야를 잘 나타내 준다.

조선에 유입된 최초의 서구식 세계지도

고대 사회에서 하늘은 인간 세상의 모든 일을 주재하는 인격적인 존재로 여겨졌다. 천체 운행의 이상이나 기상 이변 등은 예외 없이 왕도 정치를 촉구하는 하늘의 경고로 받아들여졌다. 경주의 첨성대는 한반도에서 하늘에 대한 관심이 어떠했는지를 말해 주는 증거다. 하늘에 대한 관심은 자연스레 우주의 구조에 대한 관심으로 이어졌다. 동양 사회의 우주구조론 중에는 하늘을 공 모양으로 보는 견해도 있었다. 이것이 '혼천설渾天說'이다. 그러나 혼천설에서 땅은 평면으로 묘사되고 있었다.

보물 제849호 《곤여만국전도》, 문화재청(서울대학교박물관 소장).

서구식 세계지도를 최초로 동양 사회에 소개한 사람은 예수회 선교사 마테오 리치였다. 1603년 청나라에 사신으로 갔던 이광정과 권희는 마테오 리치가 제작한 단원형 세계지도인 《곤여만국전도坤輿萬國全圖》를 조선으로 들여왔다. 홍문관 책임자였던 이수광은 이 지도에서 넓은 세상을 처음으로 접했고 『지봉유설』을 쓰는 데 큰 영감을 받았다. 1603년 마테오 리치의 중국인 친구 이응시는 《곤여만국전도》를 토대로 《양의현람도兩儀玄覽圖》라는 8폭 병풍을 제작했다. 조선에 유입된 서구식 세계지도 중에는 세계를 두 개의 원, 즉 동반구와 서반구로 나누어 그린 것도 있었다. 1674년에 들어온 페르비스트의 《곤여전도》 1800년 중국인 장정부가 제작한 《지구도》 등이 이런 형식을 채택하고 있다.*216

외부 세계를 자세히 알린 천문지리서

『지봉유설芝峯類說』의 지봉은 이수광의 호이며, 유설은 '분류별로 하고 싶은 말'이란 뜻이다. 즉, 유형별로 책을 편집했음을 말한다. 많은 사람이 중국을 중화로 인정하고 중화사대주의에 빠져 있을 때 이수광은 사대주의 굴레에서 벗어나 그 시야를 새로운 세계로 넓혀 나갔다. 이수광이 쓴 『지봉유설』은 천문, 지리는 물론 안남베트남, 섬라태국, 말라카말레이시아 반도의 국제 항구, 불랑기佛狼機 포르투갈, 영결리永結利 영국 등의 외국에 관해서도 소개하고 있다.

서울 낙산공원 한구석에 비바람만 막겠다는 의미의 '비우당'이라는 초가를 짓고 살은 이수광은 임진왜란이 발발하기 2년 전인 1590년 처음 북경을 다녀왔다. 이수광은 당시로서는 획기적으로 포르투갈불랑기국과 네덜란드남번국의 모습을 아래와 같이 기록하였다.

> 불랑기국은 섬라의 서남쪽 바다 가운데에 있으니, 서양의 큰 나라다. 그 나라의 화기(火器)를 불랑기라고 부르니, 지금 병가(兵家)에서 쓰고 있다. 또 서양포(西洋布)라는 베는 지극히 가볍고 가늘기가 매미의 날개와 같다.
>
> 남번국 사람이 만력 계묘년 간에 왜인의 배를 따라 우리나라에 표류하여 도착한 일이 있다. 그 사람을 보니 눈썹이 속눈썹과 통하여 하나가 되었고, 수염은 염소의 수염과 같았으며, 그가 거느린 사람은 얼굴이 옻칠한 것처럼 검어서 형상이 더욱 추하고 괴상하였다. 왜인들은 그곳에 진기한 보물이 많으므로 왕래하면서 장사를 하고 있는데, 본토를 떠난 지 8년 만에 비로소 그 나라

에 도착하곤 하였으니 아마 멀리 떨어진 외딴 나라인 모양이다.

이처럼 서양에 대한 정보를 얻을 수 있었던 원동력은 바로 중국으로의 사행 경험이었다. 그는 뛰어난 외교력과 문장력을 인정받아 28세 때 성절사의 서장관으로, 35세 때 진위사로, 49세 때인 1611년 광해군 3년에 세 번째로 각각 중국을 다녀왔다. 당시 선진국이었던 중국으로부터 보고 배운 문화 경험과 세 차례의 사행을 통해 오늘날의 베트남과 샴 등의 사신들과 교유하면서 국제적인 안목을 키울 수 있었다.

『지봉유설』의 '제국부諸國部 외국' 조에는 안남베트남으로부터 시작하여 유구, 섬라샴, 일본, 대마도, 진랍국캄보디아, 방갈자榜葛剌방글라데시, 석란산錫蘭山실론 등 동남아 국가들에 대한 역사, 문화, 종교에 대한 정보들과 함께 회회국回回國아라비아 및 불랑기국佛浪機國, 남번국南番國, 영길리국永吉利國영국, 대서국大西國이탈리아 등 유럽 나라들에 대한 정보까지 소개되어 있다.

이 국가들에 대해서는 거의 모든 영역의 정보들을 가능한 한 객관적이고 실용적인 방향으로 서술하고 있음이 특징이다. 이탈리아에 대한 항목에서는 마테오 리치가 중국에 들어와 『천주실의』를 소개했다는 내용이 포함되어 있다.

고려라는 국호에 대해서도 '산고수려山高水麗'의 뜻에서 붙여진 이름이라 하고 중국인들은 고려국에 태어나서 금강산 보기를 원한다는 시가 있으며 금강산의 이름이 온 천하에 떨친 것은 오래다라는 내용을 소개 하는 등 아름다운 우리 강산에 대한 자부심을 나타내었다.*217

한반도 최초의 세계지도첩

『지구전요地球典要』는 성리학자이자 과학자인 혜강 최한기의 저서다. 이 책의 후반부에는 아시아, 유럽, 아프리카, 남북아메리카에 관한 총론과 함께 오대양 육대주에 속한 각 지방과 국가의 풍토, 물산, 교육, 풍습 등을 상세히 기록하고 있다. 특히 최한기는 중국인 장정부가 만든 양반구형 세계지도를 응용하여 《지구전후도地球前後圖》를 만들었는데 이 지도에는 경도와 위도 그리고 남북회귀선이 표기된 것으로 유명하다.

벼슬에 나아가지 않은 최한기는 공부에만 몰두하였으며 조선에 들어오는 중국 서적은 먼저 그의 손을 거쳐야 했을 정도로 새로운 학문과 책에 열중하였다. 나이 55세에 저술한 『지구전요』는 최한기가 입수한 『직방외기職方外紀』, 『지구도설地球圖說』, 『해국도지海國圖志』, 『영환지략瀛環志略』, 『해유록海遊錄』 등 국내외 서적들을 참고해 취사선택하고 보완해 편집한 지지地誌 종합서다.

『지구전요』의 전반부는 천체로서의 지구에 관한 내용, 즉 우주체계, 지구의 운동, 대기, 태양, 달, 일식과 월식, 조석현상 등에 관한 우주론을 전개하고 있다. 책의 후반부는 지구상의 인문지리에 관한 백과전서적 내용이다. 먼저 「해륙분계」의 항목에서는 지구의 표면을 육지와 바다로 나누어 개략적으로 설명하고 있다. 이어 아시아·유럽·아프리카·남북아메리카의 오대양 육대주에 관한 총론을 펴고, 그 밑에는 각 주에 속한 각 국가의 강역·풍토·물산·생활·상공업·정치·재정·왕실·관직제도·예절·형벌·교육·풍속·병제 등에 관한 구체적인 지지를 상세하게 기술하고 있다.

책의 끝에는 앞의 내용을 이해하는 데 참고가 되는 천문도인 「역상도」와 세계지도, 그리고 각 대륙과 각국의 지도인 「제국도」가 첨부된 일종의 세계지도첩이다.*219

[주석 참고문헌]

*1, 2, 3, 4, 5, 6, 7, 8, 10, 11, 12, 13, 14 김호동 역주(2015), 플라노 까르피니 · 윌리엄 루부룩, 『몽골 제국 기행 – 마르코 폴로의 선구자들』, 까치.

*9 김장구(2016), 「[新 실크로드 열전] ⑥ 대몽골국의 수도 '카라코룸'을 찾은 수도사들」, 2016-01-09, 조선일보.

*15, 32, 34, 39, 42, 50, 61, 81, 94, 139, 169, 173, 178, 180, 185, 190, 199, 215, 218
정수일(2005), 『한국 속의 세계 (상/하)』, 창비.

*16 박의서(2010), 「북망산과 천당지재」, 2010-06-28, 세계여행신문.

*17 서울대(1999), 「고구려 유민 고현 묘지명」, 『박물관연보』 1.

*18 정현축(2012), http://www.mookas.com, 2012-06-15, 무카스미디어.

*19, 49, 50 김연수(2013), 2013-04-07, 중앙SUNDAY 제317호.

*20, 41 이현국(2011) 『중국국가급명승총람』 황매희.

*21 박기련(2006), 「해동 구도자의 자취를 찾아서 –5. 구화산 교각 스님」 2006-1-21, 불교신문 2197호.

*22, 24, 31, 37 임영애(2015), 「[新 실크로드 열전] ③현장의 서역기행...걸어서 110개국」, 2015-11-20, 조선일보.

*23, 58, 111 김원중 옮김(2003), 일연, 『삼국유사』, 을유문화사.

*25, 28, 29, 30, 33, 48, 174 정수일 옮김(2004), 혜초, 『혜초의 왕오천축국전』, 학고재.

*26 박현규(2010), 「'왕오천축국전' 저자 혜초는 과연 신라인일까?」, 『한국고대사탐구』 Vol.4, 한국고대사탐구학회.

*27 고태규(2017), 「삼국사기를 중심으로 한 삼국시대 여행史 연구」, 『관광연구저널』 Volume31, 한국관광연구학회.

*35 정수일(2005), 「원측…혜초…명성 화려해도 유적엔 쓸쓸함만」, 2005-10-31, 한겨레신문.

*36 박의서(2016), 「혜초 '왕오천축국전'의 세계 고전 기행문학사의 위상과 그 함의」, 『관광연구저널』 30권 6호, 한국관광연구학회.

*38 『철학사전』(2009), 중원문화.

*40 이치란 · 한정섭 저(2012), 『중앙아시아 불교』, 불교정신문화원.

*43, 44, 45, 46, 47　윤희진(2006), 『한국사 인물 이야기』, 책과함께.

*48　김언진(2016), 2016-03-02, 경남신문.

*51　권덕영(1987), 「三國時代 新羅 求法僧의 活動과 役割」, 『淸溪史學』 4, 한국정신문화연구원 청계사학회.

*52, 54, 56　권덕영(1995), 『新羅遣唐使 硏究』, 韓國學大學院 博士學位 논문, 韓國精神文化硏究院.

*53, 55, 99, 104　윤용구(2011), 『한중관계사상의 교통로와 거점』, 동북아역사재단.

*57　권덕영(1997), 『고대 한중 외교사-견당사 연구』, 일조각.

*59　전덕재(2013), 「新羅의 對中 · 日 交通路와 그 變遷」, 『학술지역사와 담론』 제65집, 호서사학회.

*60, 63, 64, 140, 141, 171, 172, 201　KBS역사스페셜 제작팀(2001), 『우리 역사, 세계와 통하다』, 가디언.

*62, 72, 77, 110, 152, 175　『한국민족문화대백과사전』(1991), 한국학중앙연구원.

*65, 67, 103, 177, 182, 183, 186, 188, 189, 192　이윤섭(2004), 『역동적 고려사』, 필맥.

*66, 71, 74, 75, 76, 79, 80　주돈식(2007), 『조선인 60만 노예가 되다』, 학고재.

*68, 69　박종인(2016), 2016-06-08, 조선일보.

*70　김위현(1994), 「여원간麗元間의 인적 교류고」, 『관동사학』 제5,6합집, 관동대학교 사학회.

*73　이민환(2015), 중세사료강독회 옮김, 『책중일록』, 서해문집.

*78　『소현심양일기(2008) 1-4 / 奎章閣所藏東宮日記譯註叢書 8-11』, 민속원.

*82　주성지(2002), 「표해록을 통한 한중항로 분석」, 『동국사학』 37, 동국사학회.

*84　서인범(2003), 「최부 표해록 연구 -최부가 묘사한 중국의 강북江北과 요동-」, 『국사관논총』 102 국사편찬위원회.

*84　서인석(2006), 「최부의 『표해록』과 사림파 관료의 중국 체험」, 『한국문화연구』 10, 이화여자대학교 한국문화연구원.

*85　풍계 현정(2010), 『일본 표해록』, 동국대학교출판부.

*86 심경호(2011), 『여행과 동아시아 고전문학』, 고려대학교출판부.

*87 곽차섭(2004), 『조선청년 안토니오』, 푸른역사.

*88 김시덕(2014), 서울대 규장각한국학연구원.

*89 정숙희(2013), 「'한복을 입은 남자' 수수께끼 매달려 10년간 연구」, 2013-03-01, 한국일보.

*90 오세영(2002), 『베니스의 개성상인』, 동방미디어.

*91 유영익(1990), 『서유견문론-한국사시민강좌 7』, 일조각.

*92 이기용(2011), 『한일 근대사상사연구』, 국학자료원.

*93, 120 이병한(2016), 『반전의 시대』, 서해문집.

*95 정수일(2004), 2004-12-07, 한겨레 문화생활.

*96 김병철(2007), 2007-11-22, 서울신문.

*97, 113, 114, 117, 119 정훈식 옮김(2012), 홍대용, 『을병연행록 1,2』, 도서출판 경진.

*98, 101, 118 김현미(2007), 『18세기 연행록의 전개와 특성』, 혜안.

*100, 102, 128 고미숙 외 옮김(2016), 박지원, 『열하일기 상, 하』, 북드라망.

*105 한정주(2015), 『조선 선비의 자존심』, 다산북스.

*106, 142, 143, 187 한국향토문화전자대전, 한국학중앙연구원.

*107 김형찬(2001), 「1624년 쓰여진 '죽천행록', '담헌연행록'에 120년 앞서」, 2001-05-08, 동아일보.

*108 조규익(2014), 「조선 지식인의 중국체험과 중세보편주의의 위기」, 『온지논총』 제40권, 온지학회.

*109, 213 이응백 · 김원경 · 김선풍(1998), 『국어국문학자료사전』, 한국사전연구사.

*111 김영번(2007), 「조선 시대 淸사절단 행적 기록한 '연행록'」, 2007-11-27, 문화일보.

*112, 115, 116 김태준 · 박성순 옮김(2001), 홍대용, 『산해관 잠긴 문을 한 손으로 밀치도다』, 돌베개.

*121, 123 안대회 · 이헌창 · 한영규(2013), 『초정 박제가 연구』, 사람의 무늬.

*122, 124 안대회(2006), 『한국의 고전을 읽는다』, 휴머니스트.

*125 이보근(2014), 『압록강에서 열하까지 연행노정 답사기』, 어드북스.

*126, 127, 129, 130 김성호(2006), 『한국의 고전을 읽는다』, 휴머니스트.

*131 최윤필(2016), 「가만한 당신」, 2016-06-24, 한국일보.

*132 조규익 옮김(2002), 서유문, 『무오연행록』, 박이정.

*133, 135 엄태웅(2009), 「연행 체험에 나타난 기억의 변모 양상 -〈무오연행록〉과 〈연행가〉를 중심으로」, 『한문학보』 21, 우리한문학회.

*134 임기중(2001), 『연행가사연구』, 아세아문화사.

*136 배규범 · 주옥파(2010), 『외국인을 위한 한국고전문학사』, 하우.

*137 허경진(2016), 「수신사(修信使)에 대한 조선과 일본의 태도 차이」, 『열상고전연구』 제53집, 열상고전연구회.

*138, 159 강재언(2005), 『조선통신사의 일본견문록』, 한길사.

*144, 145, 147, 148 우종철(2015), 「동아시아의 변화를 읽어낸 신숙주처럼」, 2015-07-13, 일요 서울.

*146 엄찬호(2007), 「『海東諸國紀』의 역사지리적 고찰」, 『韓日關係史研究』 27, 한일관계사학회.

*149, 150, 151 이효원 옮김(2011), 신유한, 『조선 문인의 일본견문록 해유록』, 돌베개.

*153 이동찬(1994), 「18세기 대일 사행체험의 문화적 충격 양상-〈해차일기〉와 〈일동장유가〉를 중심으로-」, 한국문학논총.

*154 최강현 옮김(2007), 김인겸 , 『일동장유가』, 보고사.

*155 최강현(1978), 「使行 歌辭의 比較考察(1)-일동장유가와 대일본유람가를 중심하여-」, 『弘大論叢』 9, 홍익대학교.

*156, 157, 158, 162 김미선(2010), 『한국시가문화연구』 제25권, 한국시가문화학회.

*160 김동수 역(2010), 『호남절의록』, 경인문화사.

*161 이채연(1992), 「『看羊錄』의 實記文學的 特徵」, 『한국문학논총』 13, 한국문학회.

*163 문화콘텐츠닷컴(2009), 『문화원형백과 한반도 해양문화』, 한국콘텐츠진흥원.

*164 문병채(2015), 「베트남 호이안에서 한류를 보다」, 2015-03-26, 광주매일신문.

*164 이호철(2016), 「성리학에 갇힌 조선, 닫힌 바닷길」, 2016-02-17, 파이낸셜뉴스.

*165 이호철(2016), 2016-02-18 31면, 파이낸셜뉴스.

*166 최중기(2017), 「[역사 속 공무원] 아시아 한류의 원조 이수광」, 2017-04-23, 서울 퍼블릭 뉴스.

*167, 181, 191 이희근(2008), 『우리 안의 그들 역사의 이방인들』, 너머북스.

*170, 184 이한수(2006), 『고려에 시집온 징기스칸의 딸들』, 김영사.

*175, 176 조동원 옮김(2005), 서긍, 『고려도경』, 황소자리.

*179 정종숙(2008), 『벽란도와 아라비아 상인』, 한솔수북.

*193 정만진(2016), 「일본군 선봉장, '조선 장군 김충선'이 된 까닭」, 2016-01-22, 오마이뉴스.

*194 민덕기(2005), 「임진왜란 중 납치된 조선인 문제」, 『임진왜란과 한일 관계사』, 경인문화사.

*195 김태진 옮김(2013), 헨드릭 하멜, 『하멜표류기』, 서해문집.

*196 신동규(2001), 「네덜란드인의 日本行 '도주사건'과 德川幕府의 대응」, 『한일관계사연구』 제14집, 한일관계사학회.

*197 『인명사전』(2002), 민중서관.

*198, 203 이숲(2013), 『스무살엔 몰랐던 대한민국 구한말과 일제강점기를 꿰뚫어보는 당찬 시선』, 예옥.

*200 Bishop, I.B.(1970), KOREA AND HER NEIGHBOURS, 연세대학교 출판부.

*202 조경철 옮김(2001), 퍼시벌 로웰, 『내 기억 속의 조선, 조선 사람들』, 예담.

*204 신복룡(2002), 『이방인이 본 조선 다시 읽기』, 풀빛.

*205 이돈수 외(2009), 『카를로 로제티 꼬레아 에 꼬레아니』, 하늘재.

*206 호레이스 알렌(1908), 『조선에 관한 이모저모』, Things Korean.

*207 Emile Martel(1934), 『외국인이 본 조선외교비화(外人の 觀たる 朝鮮外交秘話)』, 朝鮮外交秘話出版會.

*208 김진영(2006), 『코레야 1903년 가을 : 러시아 학자 세로셰프스키의 대한제국 견문록』, 개마고원.

*209 문화콘텐츠닷컴(2007), 『문화원형백과 구한말 외국인 공간/정동』, 한국콘텐츠진흥원.

*210, 211 정현규 옮김(2012), 에른스트 폰 헤세-바르텍, 『조선, 1894년 여름』, 책과함께.

*212 인도문학(2013), 「낯선 문학 가깝게 보기」, 2013-11.

*214 신병주(2007), 『규장각에서 찾은 조선의 명품들』, 책과함께.

*216 배우성(2006), 『한국의 고전을 읽는다 4 - 역사, 정치』, 휴머니스트.

*217 신병주(2006), 『조선 최고의 명저들』, 휴머니스트.

*219 정수일 편저(2014), 『실크로드 사전』, 창비.

[기타 참고문헌]

〈단행본과 논문〉

- 고윤수(2004), 「광해군대 조선의 요동정책과 조선군 포로」, 『東方學志』 123, 延世大 國學研究院.
- 고태규(2016), 『여행과 문명』, 법문사.
- 김도환(2007), 『담헌 홍대용 연구』, 경인문화사.
- 김명호 외(2006), 『한국의 고전을 읽는다 1-고전문학 상, 신화 · 민담 · 여행기』, 휴머니스트.
- 김문자(2004), 「임진 정유재란기의 조선인 피로인 문제」, 『중상사론』 19집.
- 김미선(2014), 『호남의 포로 실기 문학』, 경인문화사.
- 김성호(1996), 『중국진출 백제인의 해상활동 천오백년 1,2』, 맑은소리.
- 김종준(1992), 「삼국시대의 전쟁포로에 관하여」, 『역사학보』 136집, 역사학회.
- 김창업(2014), 『압록강에서 열하까지 연행노정 답사기 상 · 하』, 어드북스.
- 김태준(1978), 「18세기 燕行使의 思考와 자각-『熱河日記』를 중심한 여행자 문학론-」, 『명대논문집』 제11집, 명지대학.
- 김태준(2006), 『한국의 여행문학』, 이화여자대학교 출판부.
- 노기욱 옮김(2008), 노인, 『임진 의병장 노인의 금계집 국역본』, 전남대학교 출판부.
- 노성환(2011), 『일본에 남은 임진왜란』, 제이앤씨.
- 박성주(2004), 「高麗末 麗 · 明간 朝貢冊封關係의 展開와 그 性格」, 『慶州史學』 23, 慶州史學會.
- 박옥걸(1996), 『고려시대의 귀화인 연구』, 국학자료원.
- 박창수(2007), 『여인별곡-거침없이 살다간 여인들의 파란만장 인생이야기』, 인화.
- 박현모 · 이명훈(2010), 『조선 최고의 외교관 이예』, 서해문집.
- 배진달 옮김(1996), 온옥성, 『중국석굴과 문화예술』, 경인문화사.
- The Burton Homles Lectures(1901) 버튼 홈즈의 여행 강의 The Little-Preston Company Ltd.
  My Voyage Around the World by Francesco Carletti, translated by Herbert

Weinstock Pantheon.

- 신복룡 옮김(1999), 길모어, 『서울 풍물지(한말 외국인기록 17)』, 집문당.
- 신호열 옮김(1968), 강항, 『간양록』(국역 해행총재 · II), 민족문화추진회.
- 심승구(2008), 「조선 시대 외국인 관광의 사례와 실태: 사행관광을 중심으로」 역사민속학회.
- 안대회 옮김(2013), 박제가, 『북학의[北學議] – 완역정본』, 돌베개.
- 여성구(1998), 『入唐求法僧 無漏의 生涯와 思想 先史와 古代 10』, 韓國古代學會.
- 여성구(1999), 「入唐求法僧 地藏의 行迹과 思想」, 『白山學報』 第52號, 白山學會.
- 유동익 옮김(2003), 헨드릭 하멜, 『하멜보고서』, 중앙M&B.
- 유종현 옮김(2005), 나카오 히로시, 『조선통신사 이야기』, 한울.
- 이가원 외 옮김(2014), 일연, 『삼국유사』, 한길사.
- 이강래 옮김(2015), 김부식, 『삼국사기 I II』, 한길사.
- 이규수 옮김(2005), 강재언, 『조선통신사의 일본견문록』, 한길사.
- 이동근 옮김(2013), 박인량, 『수이전』, 지식을만드는지식.
- 이민수 옮김(2013), 일연, 『삼국유사』, 을유문화사.
- 이병훈(1975), 『해동고승전海東高僧傳 해제』, 을유문화사.
- 이영춘 외(2014), 『책중일록–1619년 심하 전쟁과 포로수용소 일기』, 서해문집.
- 이준휴(1973), 「日本 派遣 朝鮮通信使의 歷程」, 『도서관』 제28권 제2호, 국립중앙도서관.
- 이호윤(2011), 「16世紀朝鮮知識人の中國」認識–許篈の『朝天記』を中心に– コリア研究 2」 立命館大學 コリア研究センター.
- 정구선(2002), 『貢女 –중국으로 끌려간 우리 여인들의 역사』, 국학자료원.
- 정병삼(2007), 「신라 구법승의 구법과 전도 – 圓測과 義相, 無相과 道義를 중심으로」, 『佛教研究』 第27輯, 한국불교연구원.
- 정은주(2014), 「18세기 燕行으로 접한 清朝 文化」, 『대동문화연구』 85권, 성균관대학교 동아시아학술원.

- 정장식(2005), 『통신사를 따라 일본 에도 시대를 가다』, 고즈윈.
- 정재훈(2013), 「연행사가 체험한 조선과 청의 세 가지 경계」, 『퇴계학과 유교문화』 vol.no.52, 경북대 퇴계연구소.
- 정훈식(2007), 『홍대용 연행록의 글쓰기와 중국 인식』, 세종출판사.
- 조선통신사문화사업회 엮음(2007), 『조선통신사 옛길을 따라서』, 한울.
- 지안 옮김(2010), 『왕오천축국전-혜초, 천축 다섯 나라를 순례하다』, 불광.
- 하정식(1995), 「燕行情報와 朝鮮王朝의 太平天國 認識의 政治的 背景」, 『歷史學報』 第145輯, 歷史學會.

〈사전〉

- 『한국고전용어사전』(2001), 세종대왕기념사업회.
- 『한국고중세사전』(2007), 가람기획.

〈World Wide Web〉

- 이치란(2016), 「실크로드의 여행가들」, 2016-06-27, 매일종교신문.
- Elisabetta Colla, 16th Century Japan and Macau Described by Francesco Carletti · 1573-1636.
- 김호성(2004), 「김호성의 책이야기-《입당구법 순례기》」, 2004-08-10, 법보신문.